E. LOUBERSANNES
INSTITUTEUR

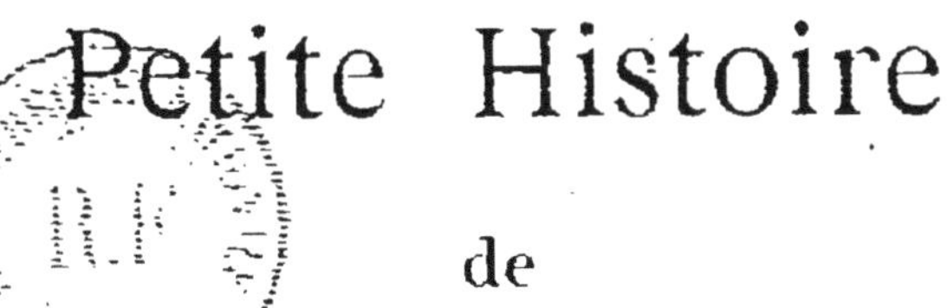

Petite Histoire de Blaye d'Albigeois

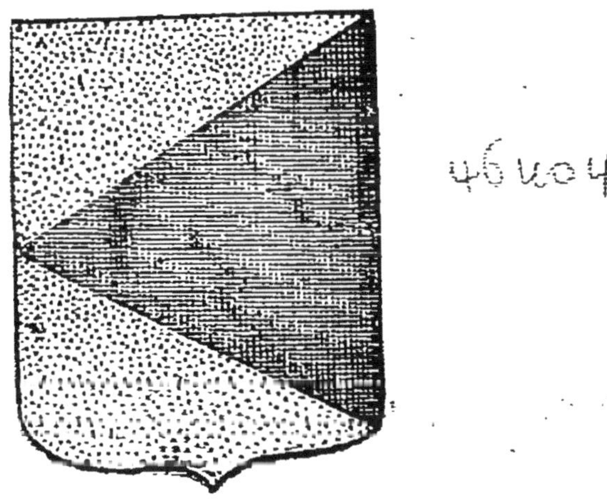

ALBI
[IMPRI]MERIE COOPÉRATIVE DU SUD-OUEST
1916

AVANT-PROPOS

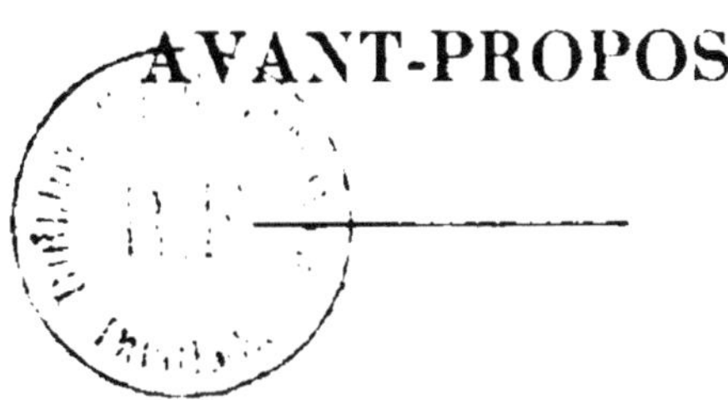

Quoique petite commune rurale, Blaye, par l'activité toujours croissante de ses habitants, par l'importance des richesses que renferme son sol, mérite une petite place dans les annales de l'histoire locale.

Ce n'est pas cependant que des faits de grand intérêt se soient passés dans ses murs, mais nous pensons faire œuvre utile en essayant de noter ici tout ce qui a pu contribuer à son développement à travers les âges.

Notre modeste travail n'a d'ailleurs d'autre ambition que de faire aimer l'œuvre de nos pères et de montrer que l'histoire d'une petite communauté se rattache nécessairement à l'histoire de la région et de la nation elle-même.

C'est pourquoi, parlant un peu des grands faits de notre histoire, nous avons tâché d'établir une relation aussi étroite que possible avec ce qui a été fait dans le même ordre d'idées dans la commune, voulant ainsi montrer que, dans l'érection du grand édifice qui constitue la patrie française, chaque petite cité a su placer son moellon et que le travail accompli dans la civilisation est dû à l'effort de tous. Si modeste que soit notre tâche, elle a rencontré des difficultés, car les archives locales et départementales ne constituent pas des ressources très abondantes de renseignements pour notre petite commune.

Si cependant nous avons réussi à intéresser les gens du pays qui nous liront, si nous avons su faire aimer le sol qui les nourrit, nous nous sentirons satisfait, car nous aurons contribué, dans une faible mesure il est vrai, à retenir la population trop flottante et à éviter l'exode qui se produit lentement vers les villes.

Blaye est d'ailleurs faite pour se développer encore, car les industries ne manqueront pas d'attirer peu à peu d'autres familles ouvrières.

Que des efforts soient tentés pour faciliter les moyens de communication, que des améliorations augmentent le bien-être public et la commune progressera encore.

Petite Histoire

de

Blaye d'Albigeois

E. LOUBERSANNES
INSTITUTEUR

Petite Histoire

de

Blaye d'Albigeois

ALBI
IMPRIMERIE COOPÉRATIVE DU SUD-OUEST

1916

BIBLIOGRAPHIE

A. Caraven-Cachin. — *Description géographique, géologique, minéralogique, etc., des départements du Tarn et du Tarn-et-Garonne.*

Cl. Compayré. — *Études historiques de l'Albigeois.*

J. Jolibois. — *Revue du Tarn.*

Ch. Portal. — *Historique de la région albigeoise.*

E.-A. Rossignol. — *Histoire des Institutions.*

Annuaires du Tarn.

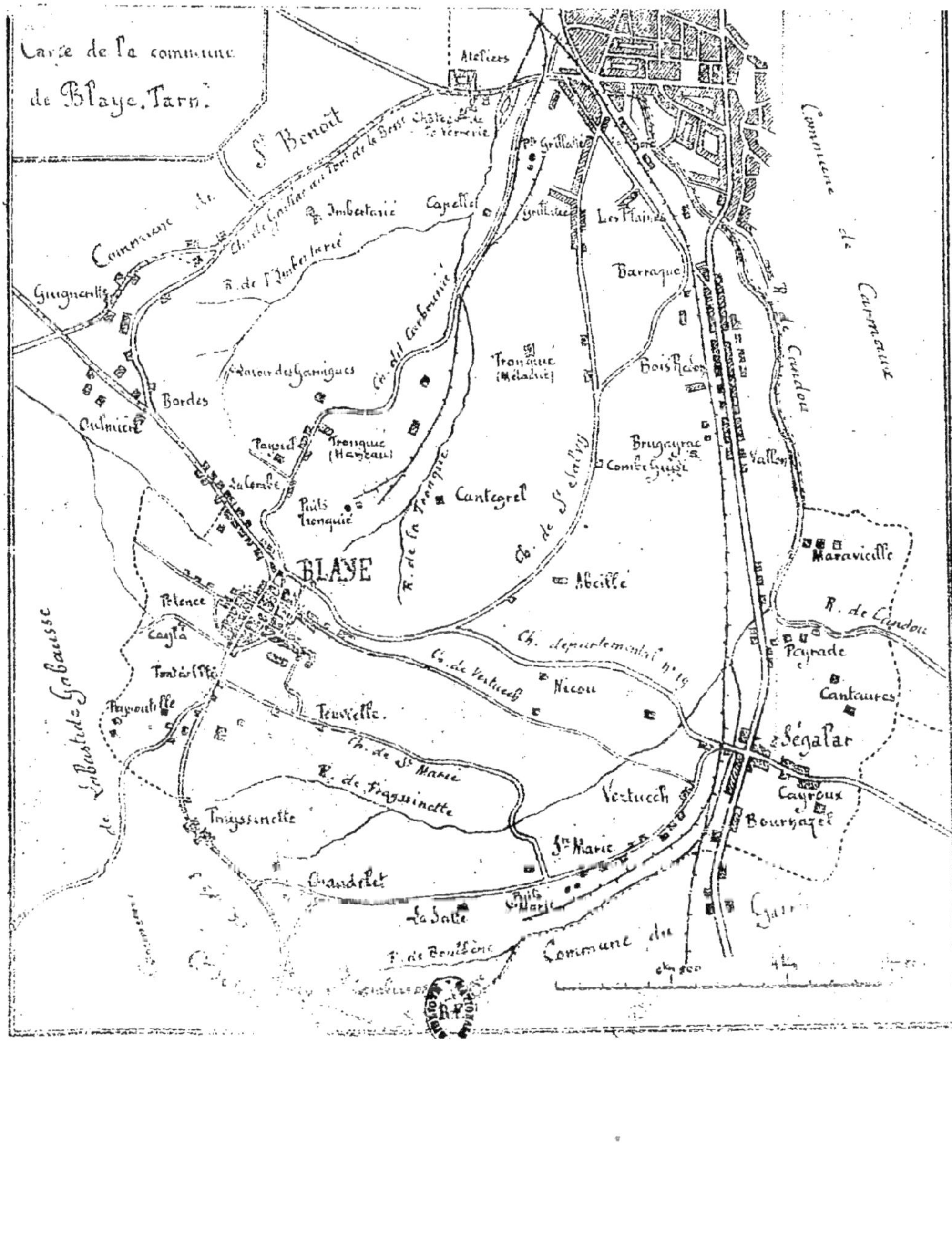

Carte de la commune de Blaye, Tarn.

Commune de St Benoît

Ateliers

Château de la Verrerie

Ch. de Gaillac au Port de la Besse

R. Imbertarié

R. de l'Imbertarié

Capelle

Grillatié

Les Plaines

Gare

Commune de Carmaux

Guignerilles

Barraque

R. de Candou

Ch. del Carbounié

Tronquié (Métairie)

Bois Redon

Bordes

Culmière

Brugayrac

Combe Guyot

Payrol

Tronquié (Hameau)

Vallon

Ch. de St Salvy

La Coste

Puits Tronquié

Cantegrel

R. de la Tronquié

BLAYE

Maravieille

Abeillé

Potence

R. de Candou

Cayla

Ch. départemental n° 19

Peyrade

Ch. de Vertuech

Nicou

Cantaures

Commune de Labastide Gabausse

Fayoulille

Teuvielle

Ségalar

Ch. de St Marie

Cayroux

R. de Fraissinette

Vertuech

Bournazel

Fraissinette

Ste Marie

Grandrelet

La Salle

Puits Marie

R. de Bouilhène

Commune du Garric

Commune de ...

Petite Histoire de Blaye d'Albigeois

CHAPITRE PREMIER

Généralités sur l'ensemble de la commune de Blaye. — Limites. — Climat. — Les Vents. — Végétation. — Faune. — Aspect général.

Généralités. — La commune de Blaye est placée dans le bassin de la Garonne, dans la partie nord du département du Tarn. Les eaux de ses ruisseaux vont grossir le Cérou, affluent de l'Aveyron. Elle comprend la région basse, ayant 240 mètres d'altitude moyenne, et la région haute, où se dresse le village sur un plateau calcaire de 320 mètres d'élévation.

Le point culminant, Frayssinette, est à 325 mètres.

L'ensemble de la commune est accidenté; on y trouve de nombreux plateaux calcaires où la terre arable d'une mince profondeur convient mal à la culture. Le sol, à peine clairsemé de genévriers et de genêts, est spongieux et absorbe facilement l'eau des pluies. Des combes profondes, aux pentes rapides, d'une fertilité exceptionnelle, se prêtent à la culture des céréales, des prairies et de la vigne par endroits.

Limites. — Blaye est limitée au nord par Saint-Benoît et Carmaux, à l'est par le Garric, au sud par Taïx et à l'ouest par Labastide-Gabausse.

Climat. — Son climat est celui des montagnes peu élevées ; il est intermédiaire entre celui du Massif Central, rigoureux en hiver, et celui de la Gironde, sujet à des pluies abondantes au printemps. Son exposition, sensiblement orientée vers l'est, fait que les rigueurs de la température en hiver sont légèrement adoucies par le vent d'autan. Son air, d'une rare pureté, convient surtout aux poitrines faibles et aux tempéraments délicats. Si la verdure était plus abondante dans la partie haute, son climat, en été, pourrait rivaliser avec celui des stations pyrénéennes, mais le manque d'arbres en rend l'aspect monotone. La température moyenne, d'après des observations météorologiques faites pendant treize ans à partir de 1888, est de 12 degrés.

Le printemps est souvent pluvieux, ce qui convient particulièrement aux plantes sarclées ; cependant, les gelées blanches sont à craindre en avril. L'été est sec et la chaleur y est souvent atténuée par la brise du nord, qui en rend le séjour agréable.

L'automne est généralement court et souvent l'hiver succède à l'été. Une sécheresse parfois excessive tarit les puits et les fontaines en octobre ou novembre, aussi la culture maraîchère est nulle à la saison chaude. Les travaux des semences s'exécutent favorablement et l'hiver froid et rigoureux ne dure guère.

Les vents. — Les vents se font souvent sentir. Au Pont-del-Plô, crête limitant les vallées de Cayla et de Fonvieille, l'air est toujours en mouvement.

Le vent d'autan vient du sud-est. Il est chaud et d'une extrême violence. Des monts de Lacaune il se précipite sur Blaye après avoir traversé les coteaux de Villefranche et les plaines albigeoises. Son souffle brûlant dessèche la terre et nuit beaucoup à la végétation. C'est presque toujours l'indice d'un changement de temps, car la pluie ne tarde pas à venir à brève échéance.

Le vent du nord, sec et froid, souffle souvent ; s'il refroidit sensiblement la température en hiver, il adoucit les chaleurs estivales. Lorsqu'il se fait sentir en mars ou avril, la température, brusquement abaissée, fait craindre les gelées tardives nuisibles à la vigne et aux autres cultures.

Le vent de l'ouest, qui souffle quelquefois à des époques irrégulières, ne tarde pas à porter de gros nuages noirs venus de l'Océan ; presque toujours, c'est la pluie, qui calme ce vent impétueux.

Végétation. — Toutes les productions agricoles des pays tempérés sont représentées dans la commune. Les bois se composent généralement de chênes, de pins, de tilleuls, de bouleaux et de quelques peupliers ; les arbres productifs, tels que les châtaigniers et les noyers, y sont rares ; les bois les plus importants sont à la Tronquié, à Combeguise et à l'Imbertarié.

Les céréales donnent de bons résultats, ainsi que les prairies et les plantes sarclées.

Faune. — Tous les animaux des pays tempérés habitent la commune, cependant les oiseaux y sont peu abondants à cause sans doute de la pénurie des cours d'eau.

Aspect général. — A vol d'oiseau, la commune paraît accidentée ; au sud et au sud-ouest, elle a un aspect blanchâtre dû au sol calcaire qui la compose. En raison de l'altitude élevée, les sources sont rares et peu abondantes dans la région du village. Trois cependant coulent toute l'année et alimentent un lavoir : les Garrigues formant le ruisseau du Merdialou, le Cayla où naît la Zère et Frayssinette donnant naissance au ruisseau de Boulbène.

Les alentours du village sont très ravinés et forment des dépressions nombreuses dont les principales sont désignées sous les noms de la Combe, Combecroze, Combeligouze. Des plateaux calcaires peu fertiles donnent une herbe menue, odorante, fort appréciée pour l'élevage des moutons. La partie basse de la commune semble placée sur une importante nappe d'eau ; les jardins y sont nombreux et la végétation luxuriante. Très ombragée par des platanes d'une réelle beauté, la route nationale n° 88, de Lyon à Rodez, et le voisinage de Candou rendent les quartiers de Bois-Redon et du Ségalar très agréables ; leur proximité attire en nombre les promeneurs carmausins.

Le village de Blaye et ses abords offrent un magnifique point de vue, et tout autour le panorama s'étend très loin, à plus de cinquante kilomètres par endroits.

Au sud, par un temps clair, la silhouette des Pyrénées centrales se détache nettement sur le ciel bleu ; au sud-est, la Montagne Noire et les monts de Lacaune montrent leurs pentes brumeuses, tandis qu'au premier plan le Puy Saint-Georges, précédé de l'église solitaire de Pouzounac, laisse voir les ruines d'une tour démolie servant autrefois pour le télégraphe aérien ; vers le nord, le paysage est charmant, et nombreux sont les villages que l'œil découvre à cinq lieues à la ronde : voici Labastide-Gabausse, Virac et le château démoli de Combefa, puis le Ségur caché dans la verdure des châtaigneraies ; à droite et au premier plan, c'est Saint-Benoît avec Canitrot et la Salvetat dans l'éloignement; puis viennent Almayrac, Carmaux, Rosières et Saint-Jean-de-Marcel en dirigeant sa vue vers la droite.

Blaye est à trois kilomètres de Carmaux et à douze d'Albi ; sur une carte, le village, qui est un point géodésique, est repéré par rapport au méridien de Paris par 44° 1' 36" de latitude nord et 0° 12' 19" de longitude ouest.

CHAPITRE II

Géologie de la commune.

La surface de la commune est irrégulière ; la déclivité se dirige surtout vers le nord-est en partant du village pour aboutir dans le bas-fond de Carmaux.

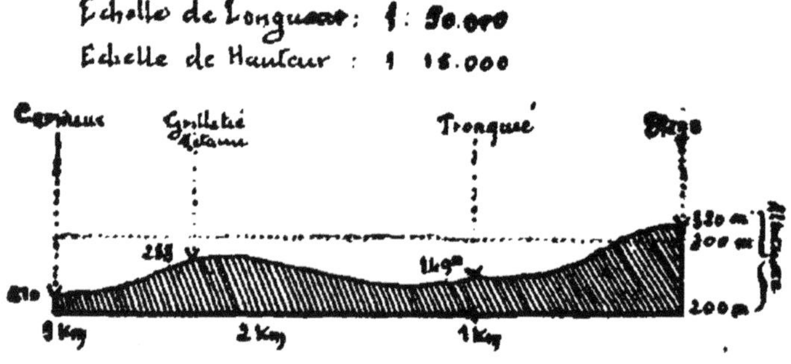

Ligne de Pente. Direction de Blaye à Carmaux

Au point de vue géologique, le sol de la commune offre une grande ressource pour l'industrie ; la surface est constituée par trois terrains principaux : le calcaire, l'argile et l'alluvion des vallées.

Le terrain primitif ou amphibolite, de couleur verte, se trouve, dans l'étendue de la commune, à une profondeur variable. Dans la cuvette de la Tronquié, il est à 500 mètres ; il n'est qu'à 341 mètres à Sainte-Marie, tandis que, dans la région du Merdialou, il affleure presque le sol.

Au-dessus de l'amphibolite, le terrain primaire est constitué par des bancs de grès plus ou moins puissants coloré de diverses façons. Le schiste et le terrain houiller voisinant avec le grès forment des couches

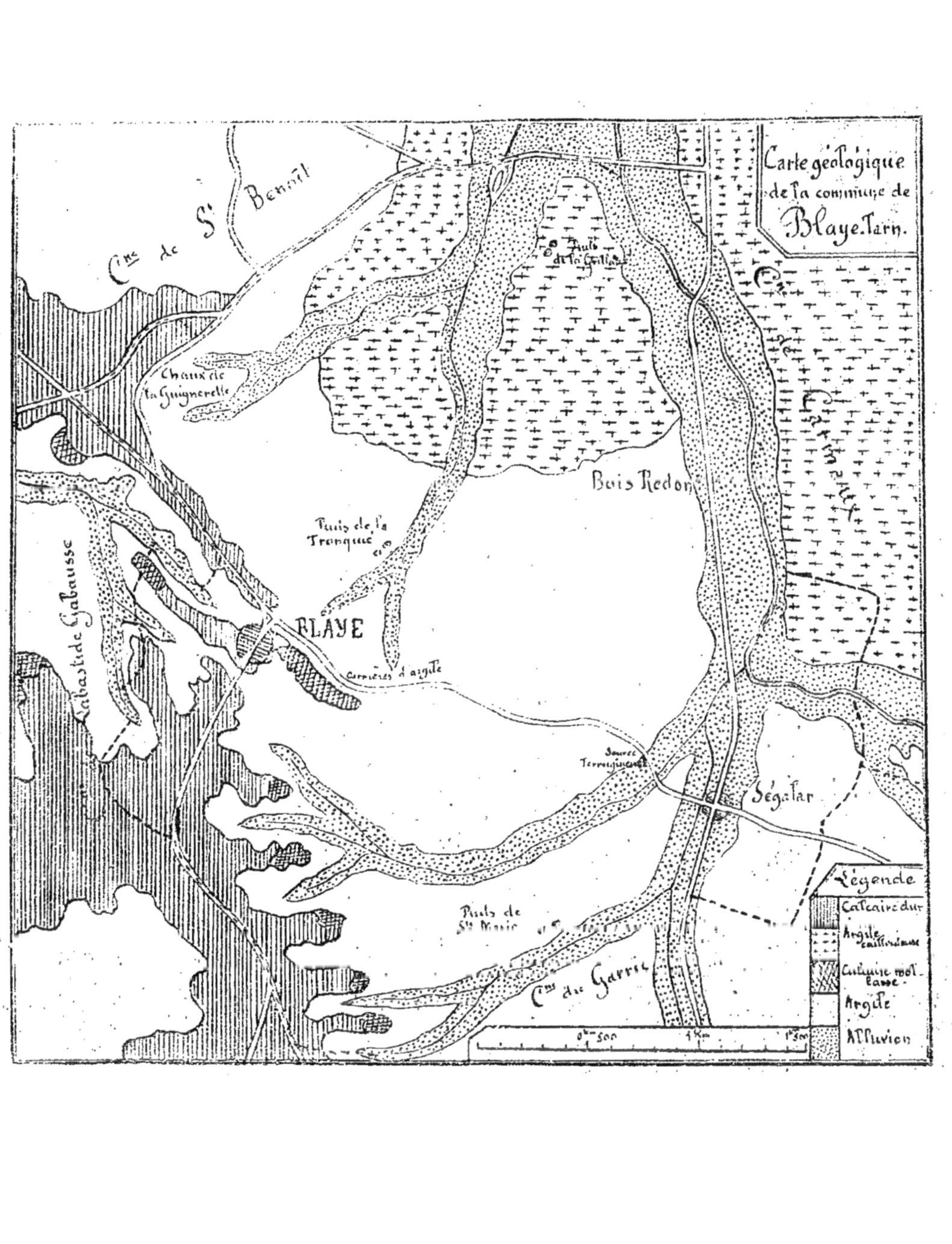
Carte géologique
de la commune de
Blaye. Tarn.
Cne de St Benoît
Chaux de la Guignerelle
Puits de la Tronque
BLAYE
Carrières d'argile
Bois Redon
Cabastide Gabausse
Source Terrugineuse
Ségalar
Puits de St Marie
Cne du Garric
Légende
Calcaire dur
Argile caillouteuse
Calcaire mol. lasse
Argile
Alluvion

d'épaisseur variable, tandis que la houille pure forme des filons de deux à trois mètres de hauteur.

Les couches carbonifères ne sont pas à pente régulière et des failles nombreuses les coupent dans toutes les directions.

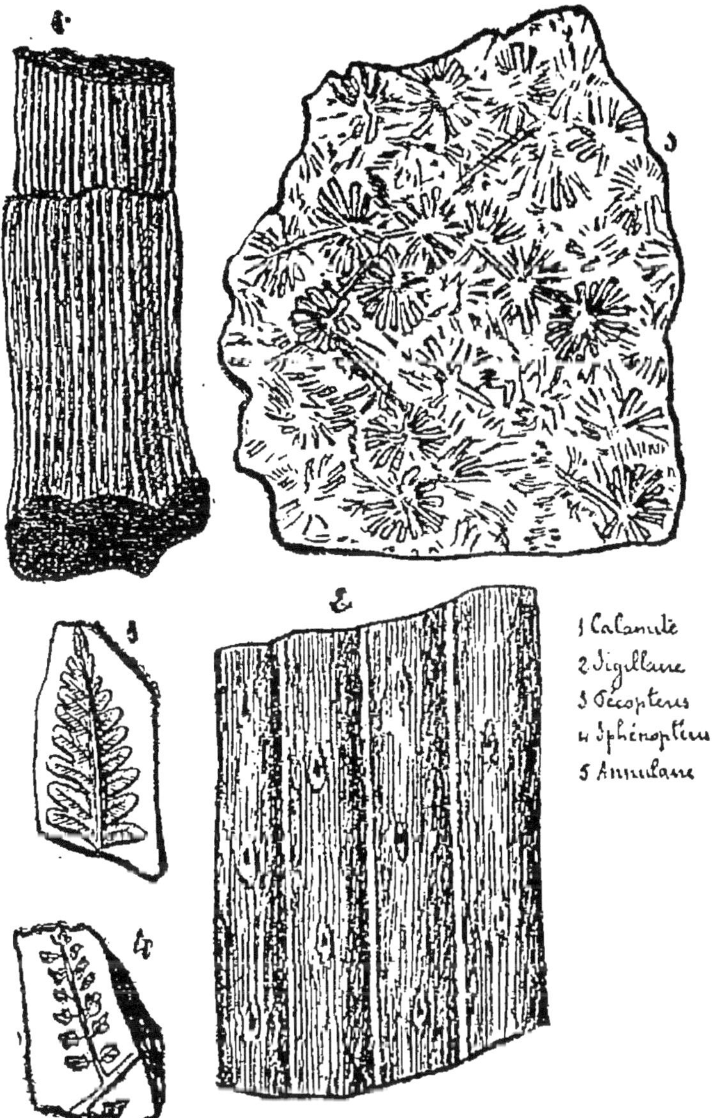

Des traces d'impressions de végétaux, de fougères, de roseaux, de palmiers se remarquent nombreuses dans le schiste comme dans la houille elle-même. Ci-dessus quelques-uns de ces végétaux très communs dont l'empreinte est nettement caractérisée.

Le terrain secondaire ne forme par endroits qu'une mince couche ; il est représenté par des poudingues gris à petits cailloux, des grès, des poudingues bigarrés, des grès blancs tachés de roux, des grès à grains ordinaires gris, roux et bruns. Sous l'Imbertarié, on trouve des grès ferrugineux couleur de rouille (1).

Les terrains tertiaires comprenant l'argile et la pierre à chaux sont très abondants.

L'argile sableuse ou caillouteuse forme une couche épaisse, mais au-dessus l'argile plus épurée se rencontre en une bonne couche.

Elle se trouve à une faible profondeur sur les hauts plateaux de la commune, tandis qu'elle affleure sur les plateaux de moyenne altitude. Cette argile est rutilante à cause de l'oxyde de fer qu'elle contient et légèrement tachée de veines jaunâtres ; elle est très friable, se désagrège facilement au contact de l'air et acquiert par le travail une plasticité qui la fait apprécier des briquetiers.

Les terrains superficiels argileux, franchement rougeâtres, se trouvent à Fonvieille, à Sainte-Marie, à la Tronquié, à Saint-Salvy, à Fontaniès et à Maravieille.

Le terrain calcaire constitue la base de tous les plateaux d'altitude de 300 mètres environ et forme une couche variant de trois à quinze mètres. Les calcaires de Blaye sont de même nature que ceux de Sénouillac, Taïx, Cahuzac, Villeneuve-sur-Vère, Noailles et Cagnac ; ils s'étendent et se ramifient vers Labastide-Gabausse, Combefa et Saint-Benoît et font partie de la vaste nappe

(1) Une source ferrugineuse existe au Ségalar sous la métairie, le long de la route de Monestiés.

PUITS DE LA TRONQUIÈRE Echelle de 0,0005 p. mètre.

Terre végétale
Argile sableuse
Argile
Sable argileux
Gravier aquifère et cailloutoux
Argile
Gravier et sable argileux
Argile
Argile caillouteuse donnant un peu d'eau
Gravier et sable argileux
Argile dure
Sable aquifère
Gravier aquifère
Argile
Sable et gravier aquifère
Argile
Argile avec cailloux
Sable dur argileux
Argile avec cailloux
Schistes noirs, gris et roses
Grès à grains ordinaires gris et roux
Poudingue gris à petits cailloux
Grès blanc taché de roux
Poudingue fin
Schistes tendres
Grès et poudingues bigarrés
Poudingue et grès
Grès grossier et poudingue
Grès grossier
Charbon
Schistes
Grès ordinaire
Poudingue
Grès
Schistes
Schistes et grès
Charbon
Grès et schistes
Charbon
Grès et schistes
Schistes et charbon

27 m. à l'heure
50 m. à l'heure
100 m. à l'heure
600 m. à l'heure

Terrain Tertiaire

Base tertiaire
Profondeur 89 m.

Terrain Houiller

Profondeur du Puits 440 m.

La suite est un mélange par assises de schistes, grès, poudingues et 8 couches de charbon

Le terrain houiller repose sur le terrain primitif (Amphibolite)

crayeuse des causses supérieurs d'Albi, dont le point culminant, 348 mètres, est Calauzou. Ils sont durs et compacts, à cassure franche; ils sont légèrement mélangés d'argile et fournissent de la chaux grasse exploitée en grand à la Guignerette.

Ces calcaires blanchâtres renferment de nombreux fossiles d'une conservation remarquable.

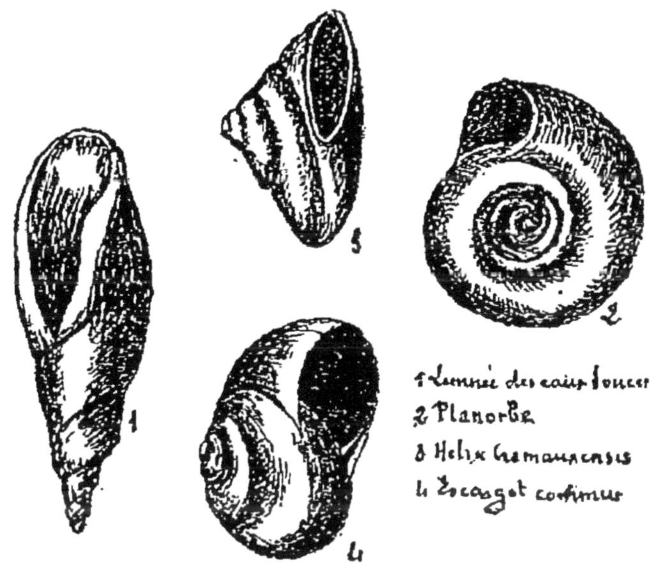

Le calcaire se trouve sur les hauts plateaux du village, à Frayssinette et à la Guignerette.

Le terrain quaternaire ou pléistocène y est représenté par de nombreuses alluvions de basses plaines formées de sable, de limon, de détritus provenant de roches de composition diverse, d'humus et d'argile.

Ces alluvions sont généralement fertiles surtout dans la vallée de Candou; mais dans la partie supérieure des ruisseaux, dans la combe de Boulbène, par exemple, les cultures sont peu rémunératrices.

Ces alluvions longent les ruisseaux de Frayssinette, de Cayla, de Candou, des Garrigues et conviennent surtout aux prairies naturelles.

CHAPITRE III

Historique. — Temps anciens. — Origine de la commune. — La croisade des Albigeois. — La guerre de Cent Ans. — La Renaissance. — Les guerres de religion. — La peste. — Autres misères.

Dans les temps anciens. — Le village de Blaye est certainement très ancien et remonte à une époque bien antérieure à la fondation de la commune. Le nom primitif de Blaye, ou du moins de la petite bastide qui porta ce nom dès le xive siècle, était Aigrefeuille *(Acrifolio)*. Les environs du village, Pierre-Lévade, par exemple, dénotent une origine gauloise.

Dans les environs, à Règuelongue, existe encore sur plusieurs kilomètres la voie narbonnaise (1) construite sous la domination romaine. Cette voie sortait du Pont d'Albi et servait à transporter les marchandises du Midi dans l'Aquitaine ; elle gravissait la côte de la Drèche, passait près de Blaye et allait rejoindre à Monestiés le grand chemin de Toulouse à Rodez, avec lequel elle se confondait jusqu'à Roumagnac. Elle se continuait ensuite sur Milhars, traversait l'Aveyron, passait près de Saint-Antonin et prenait la direction de Cahors.

Le Pouzac était placé près de la voie narbonnaise;

(1) *Revue du Tarn*, tome I, p. 84.

puis venait la bastide d'Aigrefeuille qui donna naissance à Blaye.

ORIGINE DE LA COMMUNE. — Si l'origine du village est imprécise, il n'en est pas de même de la formation de la commune.

« Blaye (1) est une des nombreuses bastides fondées dans l'Albigeois dépeuplé par la croisade contre l'albigéisme. » A cette époque, d'ailleurs, le nombre de bastides érigées en communes par les officiers du roi fut très important et amena le déplacement d'une foule d'habitants dans les campagnes. Les consuls de Toulouse obtinrent des lettres patentes en 1344 pour arrêter le zèle de ces officiers royaux, car les nouvelles communes diminuaient sensiblement la population de cette ville (2). Les populations avaient une préférence marquée pour la domination royale, qu'elles préféraient à celle des seigneurs.

Blaye profita de cette extension de la puissance royale et en 1302 elle fut érigée en commune.

« Il s'agit d'un paréage entre le roi représenté par son sénéchal de Toulouse, Blaye de Lhoup (3), qui donna son nom à la nouvelle commune, et les seigneurs de la contrée, noble Raymond de Châteauneuf, Pons Ratier et Pons de Monestiés. Il fut convenu que le roi aurait la moitié par indivis de toute la juridiction haute et basse dans la bastide et la paroisse d'Aigrefeuille (et infra parroquiam de Acrifolio) ainsi que la moitié des biens confisqués.

(1) *Revue du Tarn*, tome VI, p. 22.
(2) ROSSIGNOL, *Histoire des Institutions*.
(3) Blaise Lupi, sénéchal de Toulouse et d'Albi, remplissait dans le Languedoc les fonctions de lieutenant du roi.

« Le juge, le notaire et les sergents (messaguarii) seront communs aux rois et aux coseigneurs aux mains desquels ils prêteront serment. La nomination des consuls appartiendra au juge et aux coseigneurs et le juge recevra leur serment. Le roi aura la moitié des fours et des moulins. Enfin, le trésorier royal, à Toulouse, arrentera chaque année le bailli dudit lieu et il versera la moitié du prix de ferme entre les mains des coseigneurs. »

C'est donc de 1302 que date la nouvelle dénomination de la commune, qui, pendant près de cent ans, s'appela *Blaze*. Ce n'est qu'à la fin du XIVe siècle que le nom de Blaye semble définitivement acquis.

D'après un poème albigeois de cette époque (*Poema de Albigense terra et ejus urbibus)*, le nom roman est *Blavia* (1); le nom latin, d'après *Albia Christiana,* est *Blaya.*

La commune changea plusieurs fois de coseigneur. Au commencement du XIVe siècle, le territoire de Blaye était possédé par les familles de Castelnau et de Monestiés, qui cédèrent la moitié de la juridiction au roi de France au moyen d'un acte de paréage conclu avec son sénéchal (2). Les droits de Pons Ratier de Monestiés cités à cette occasion paraissent être passés à sa veuve, qui, en 1332, donna tout ce qu'elle possédait dans Blaye et Sainte-Gemme à sa petite-fille, Hélix de Lescure, à l'occasion de son mariage avec le chevalier Guillaume de Bellasfaire, coseigneur d'Auriac, en Toulousain.

(1) Carmaux y est dénommé *Carmovium* et Rosières, *Roseræ.*
(2) *Revue du Tarn.*

Le 4 décembre 1389 (1), noble Gérard de Bellasfa dénombre le quart de la juridiction haute et basse du lieu de Blaze avec une rente de trois quartiers de blé, d'une émine d'avoine et d'une géline.

En 1405, Marguerite de Bellafar, baronne d'Auriac, de Taïx, de Blaye, de Sainte-Gemme, épouse A. Rigaud, seigneur de la Bécède, et c'est ce qui explique la venue de ce dernier à Blaye.

Le 3 mai 1470, le dénombrement du huitième de la juridiction haute et basse du même lieu est opéré par noble Philippe Rigaud, seigneur de Taïx, de Sainte-Gemme et de Blaye.

En 1558, le dénombrement de Carmaux et de Blaye est fait par Raymond Cavalery.

On a vu que, par l'acte de fondation, le roi de France avait la moitié des revenus de Blaye, mais, en 1640, ces droits furent vendus à de Nupces, puis rachetés dans la seconde moitié du XVIIe siècle, ce qui n'empêcha pas le conseiller de Nupces de se surnommer à la même époque : « de Nupces de Blaye ».

Le titre de seigneur de Blaye attribué à la fin du XVIIe siècle à de Ciron indique une nouvelle aliénation, à moins qu'il ne se rapporte à quelques terres possédées par ce dernier dans la commune, ainsi que l'indique le compoix terrier de 1685 (2).

En 1772, fut créée, en faveur de Pierre de Bernis, la baronnie de Pierrebourg (Cadalen), qui comprenait Técou, Blaye, Cahuzac, Crespinet, Sérénac, Saint-Julien en Albigeois, et la seigneurie de Drémil, du diocèse de Toulouse.

(1) *Revue du Tarn*, tome III, page 184.

(2) De Ciron n'est dénommé dans ce compoix que sgr de Carmaux.

A cette époque, de Solages, cité en même temps comme seigneur de Blaye, ne possédait en réalité des droits fonciers que sur son récent château de la Verrerie et non sur toute l'étendue de la commune. Au moment de la Révolution, Blaye appartenait au roi (1).

Blaye et la croisade des Albigeois. — Quoique antérieure d'un siècle à l'érection de Blaye en commune, la croisade des Albigeois eut son contre-coup dans la région d'Aigrefeuille et quelques habitants souffrirent sans doute des malheurs causés par cette terrible guerre civile.

L'Inquisition, établie contre les Albigeois en 1204 (2), ne fut définitivement organisée qu'en 1229 par le concile de Toulouse. En 1233, le pape Grégoire IX désigna trois Frères-Prêcheurs et deux inquisiteurs du même ordre pour la recherche des hérétiques. Ils constituaient un terrible tribunal punissant tous ceux qui étaient reconnus suspects ou coupables d'hérésie, ou accusés de sortilège et de magie. Les condamnés à mort étaient brûlés vifs et leurs cendres jetées dans les égouts; ceux qui étaient condamnés à la prison perpétuelle étaient placés jusqu'à leur mort dans des cellules étroites et obscures ; on les désignait sous le nom d'*immurati* (emmurés). Ils recevaient la nourriture par une petite lucarne. Quelquefois la prison était convertie en amende pécuniaire.

Une légende prétend que les Frères-Prêcheurs envoyés

(1) Carmaux appartenait à de Solages, Combefa à l'archevêque d'Albi, Labastide-Gabausse à de Marquin, Taïx à de Nupces et Rosières au marquis de Beaufort.

(2) Compayré, *Etudes historiques de l'Albigeois.*

à Cordes provoquèrent un si vif mécontentement qu'ils furent massacrés et jetés dans un puits (1).

La croisade des Albigeois fit de nombreuses victimes dans le midi de la France : à Béziers, un grand nombre de personnes furent égorgées, à Carcassonne 450 habitants furent brûlés vifs, à Lavaur 80 de ses défenseurs furent martyrisés et 400 vilains brûlés vifs ; la sœur du châtelain, noble Géralde, fut jetée dans un puits que l'on combla de pierres.

La guerre de Cent Ans. — Placée dans le voisinage du puissant château de Combefa, Blaye devait en souffrir et son histoire, dans cette époque troublée, se confond souvent avec celle de cette importante seigneurie eccclésiastique.

La bastide de Blaye, composée alors d'une quarantaine de maisons, devait jouer son petit rôle pendant la guerre de Cent Ans.

C'est vers 1350 seulement que les Anglais, après avoir pris la Française, dans le Tarn-et-Garonne, se répandirent dans l'Albigeois ; des mesures furent prises par les habitants de la seigneurie de Monestiés pour la garde du château épiscopal de Combefa (2). Jean, comte de Poitiers, troisième fils du roi Jean, et son lieutenant dans le Languedoc, étant à Carcassonne, ordonnèrent, le 26 octobre 1350, aux habitants de Crameaux et des environs de se retirer à Monestiés, qui était « le seul lieu notable fortifié depuis Gaillac jusqu'à Rodez ».

En 1369, l'évêque d'Albi fut assiégé dans Combefa

(1) D'après une enquête sérieuse faite par l'érudit archiviste du Tarn, M. Portal, ces deux inquisiteurs ne furent point précipités dans le puits, car on les retrouve dix ans plus tard à Carcassonne.

(2) *Histoire du Languedoc*, tome V, p. 1379.

par le seigneur de Lescure (1); cette lutte provoqua la dévastation du pays et les habitants de Blaye eurent fort à souffrir des rapines des gens d'armes.

Cette même année, les Anglais ravagèrent la région albigeoise et répandirent la terreur jusque dans les plus petites agglomérations.

Un aventurier, Bertrand de Lautar, surnommé *le Pauco*, après avoir harcelé la population d'Albi, exerça ses brutalités sur Terssac, Gaillac, Rosières et ses environs.

Les routiers pullulaient partout et répandaient la misère, le meurtre et la dévastation dans les campagnes. Seules étaient épargnées les bastides importantes bien défendues et bien protégées par des châteaux forts et des remparts.

En 1412, une troupe de gens d'armes (Armagnacs), ayant fait une razzia dans le pays pour les vivres et le bétail, furent poursuivis par les Tuchins de Mirandol, qui les assiégèrent à Trévien, où ils s'étaient réfugiés avec le produit de leurs rapines. (On sait que les Tuchins étaient, vers 1400, des paysans ou des ouvriers des villes excédés par la misère. Ils formaient des associations pour s'adonner au brigandage et à la révolte, au lieu de demander leurs moyens d'existence au travail de la vie ordinaire.) Pour se rendre compte du fait, la ville d'Albi envoya à Blaye Aymeric Bernhas du Castelviel (2).

(1) M. Portal, *Historique de la région albigeoise.*

(2) En 1412, Aymeric Bernhas del Castelvielh que foc trames lo lus a XIII j. del dig més de nuegz à Blaya per saber se era bertat que los Tochis de Mirandol aguesso assetjatz à Trepbielh les Armanhagueses que menavo la presa que avian facha. *(Revue du Tarn.)*

Le désastreux traité de Troyes (1420), signé sous Charles VI par Isabeau de Bavière, livra la France aux Anglais. Cette époque fut plus malheureuse encore pour notre pays livré au pillage.

Vers 1427, le prince de Galles, à la tête d'une petite armée composée d'Anglais et de nombreux brigands loués dans le midi de la France, s'empara du château de Curvalle, de Penne, Paulin, Thuriès, Rosières, Combefa et Blaye ; de ces localités ses soldats se répandirent jusque dans les plus petits hameaux pour voler les récoltes et surtaxer les populations.

Le village de Blaye fut à peu près démoli de fond en comble et beaucoup d'habitants pendus au quartier de la Potence. Une seule maison, encore en partie debout à côté de l'église, fut épargnée. La version populaire fortement accréditée et transmise de génération en génération veut que la propriétaire du lieu, Anne Birolle, personne d'agréable aspect, eut l'avantage d'attendrir le chef anglais, qui ordonna à ses soldats de respecter la demeure de la belle suppliante.

En 1426, l'Albigeois eut à souffrir des déprédations commises par André de Ribes, chef d'une bande de routiers qui, à la tête d'un corps d'Anglais, s'était emparé de Combefa et des environs, qu'il ravagea.

Ce routier, protégé par le comte d'Armagnac, levait partout des contributions. Les Anglais furent chassés quelque temps après de Combefa par Jean Graille, comte de Foix, auquel la ville de Gaillac alloua 900 écus pour cette opération militaire (1).

Plus tard, en juillet 1436, Bernard de Casilhac, Ber-

(1) Rossignol, *Monographies*, tome II, page 147

trand de Casilhac, son frère, et le seigneur de la Coste en Quercy, rassemblèrent un corps de routiers et s'emparèrent du château de Combefa et autres lieux voisins ; ils forcèrent même la cathédrale d'Albi et pillèrent son trésor.

Comme on le voit par ce rapide aperçu historique forcément incomplet, notre pays passa de bien mauvais jours pendant la guerre de Cent Ans, car des pillages continuels, des rançons répétées et des terreurs constantes fatiguaient nos malheureuses populations.

Des ossements humains trouvés, il y a cinquante ans environ, au Chandelet, à la Salle, à la Guignerette et le long du chemin de Règuelongue, près Lintin, semblent indiquer que des combats nombreux et importants ont été livrés dans la commune de Blaye à l'époque de cette longue guerre.

Blaye sous la Renaissance. — La Renaissance eut certainement peu d'effet sur le paisible village qui nous occupe. Le protecteur des lettres et des arts, François Ier, allant à Gaillac, où des fêtes somptueuses l'attendaient, séjourna à Monestiés en 1533. Deux ans plus tard, Blaye vit passer dans ses murs le roi de Navarre, Henri d'Albret, et sa femme, la célèbre Marguerite de Valois, sœur de François Ier. Le cortège royal, venant d'Albi, se dirigeait sur Rodez en passant par Combefa, où il séjourna quelques instants au château.

Les guerres de religion. — L'intolérance religieuse qui mit aux prises catholiques et protestants pendant un demi-siècle, amena la perturbation dans le diocèse d'Albi. La population de Blaye, entièrement catholique, prit peu de part à ces guerres religieuses.

L'édit de janvier 1562, destiné à pacifier les esprits,

avait mécontenté les deux partis, aussi fut-il le prétexte de nouvelles hostilités un peu partout en France.

A cette époque, à la suite d'une querelle entre les habitants de Carmaux et le sieur Débar se disant gentilhomme de la compagnie du roi de Navarre, en présence des soldats italiens de la compagnie de Scipion, attirés en France par les catholiques, des troubles eurent lieu dans la région, provoqués par le passage des gens de guerre.

Une indemnité de 9,647 livres fut accordée par le roi, de passage à Toulouse le 26 septembre 1566, au diocèse d'Albi, en dédommagement des *folles*. Elle fut répartie par le viguier d'Albi sur quarante-deux consulats, parmi lesquels Carmaux, Saint-Benoît et Blaye.

Le 24 octobre 1569, la compagnie de Rochebonne, sénéchal du Puy, passa à Carmaux et à Blaye et arriva à Albi le 4 novembre, après avoir opprimé les habitants sur son passage.

D'après une liste dressée par les diocésains le 2 août 1580, un tiers des communautés de l'Albigeois appartenaient aux religionnaires surveillés par les troupes du roi de Navarre ; le village de Blaye était de ce nombre.

Pendant les guerres de religion, de nombreuses impositions épuisèrent le diocèse d'Albi (1) ; les voleurs à main armée et les troupes y pullulèrent en y causant beaucoup de ravages et de déprédations.

Au mois de janvier 1584, le capitaine Alexandre, « grand et insigne voleur », fut arrêté à Albi ; le viguier donna 300 écus de gratification à celui qui avait opéré cette arrestation.

Au mois d'avril 1590, l'Albigeois fut imposé de 7,013

(1) Rossignol.

écus, 1,521 setiers de blé et 170 hommes. Blaye, redevenue propriété des catholiques, fut désignée avec quelques autres localités par le receveur comme ne pouvant participer à cette taxation, vu sa pauvreté. Mais, en 1596, une assiette tenue à Cordes le 27 mars fit la répartition des nouveaux impôts à payer (13,175 écus) par le diocèse. Cette fois, Blaye n'en fut point exemptée et dut payer sa part au bureau de perception de Cordes.

A la suite du nouvel édit de pacification du 6 avril 1626, les deux régiments royaux de Noailhes et de Bourbonne établis en Rouergue vinrent dans l'Albigeois, et, le 8 septembre de la même année, Blaye dut recevoir dans ses murs une partie de ces soldats avec Mailhoc, Cestayrols, etc. Une rançon de 362 livres 17 sols fut exigée pour l'installation de cette troupe, qui commit des excès et se rendit odieuse à la population. C'est M. de La Prune qui obtint du duc de Ventadour que ces régiments seraient logés à Blaye et Mailhoc; quelque temps après, en attendant la pacification définitive, ils furent envoyés dans les grande villes.

La peste (1629-1632). — Des maladies contagieuses venaient souvent attrister nos populations. Au moyen âge, pour isoler les malades atteints de la lèpre ou de la peste, rapportée, croit-on, d'Orient par les croisés, les communes importantes avaient un établissement éloigné de l'agglomération : c'était la léproserie. Celui de Blaye était placé non loin du village, à la Malautié, qui, d'après l'ancien compoix, bordait la route d'Albi au lieu dénommé aujourd'hui Frayssines ou Frayssinette.

Vers 1630, la peste, qui était dans le Rouergue, fit son apparition dans la contrée en faisant de nombreuses victimes.

Le 14 août 1630, le médecin Malhar de Déripes, rendu à Carmaux avec le chirurgien Audibert, avait fait déterrer le cadavre de Golesque fils et constaté qu'il était mort de la peste.

Blaye, Saint-Benoît, Rosières et Carmaux, infestés par cette terrible maladie, ne pouvaient communiquer avec Albi, dont l'entrée demeura défendue.

Le meunier de Lamothe, à Albi, avait défense de moudre du blé ou du maïs pour les gens des villages contaminés.

Autres misères. — En l'année 1693-1694, les récoltes furent très mauvaises et la mortalité terrible; des corps de pauvres gens morts de faim étaient souvent ramassés sur les chemins.

En 1708-1709, l'hiver fut extrêmement rigoureux et la plupart des familles n'avaient pas de pain. Cependant, les tailles furent rigoureusement exigées, « ce qui faisait fendre le cœur ». Beaucoup de gens moururent de froid et de faim un peu partout, mais Blaye fut épargnée, car sept personnes seulement décédèrent en 1709.

Mais, en 1761, une épidémie, dont le nom est inconnu, fit de nombreuses victimes à Blaye et porta le nombre des décès à trente contre dix naissances seulement.

CHAPITRE IV

Période révolutionnaire. — Assemblée nationale Constituante. — Division de la France en départements. — Dommages aux récoltes par les pigeons. — Surtaxes exorbitantes. — L'Assemblée Législative. — Décrets contre les émigrés et les prêtres réfractaires. — Ateliers de charité. — Assignats. — La Convention nationale. — Comités de surveillance. — Certificat de civisme. — Passeport.

BLAYE SOUS L'ASSEMBLÉE NATIONALE CONSTITUANTE. — Les embarras financiers du gouvernement de Louis XVI décidèrent le Parlement de Paris à convoquer les Etats Généraux. Sur les instances du ministre réformateur Necker, cette réunion eut lieu le 5 mai 1789.

Le 24 janvier de cette année, une ordonnance royale déclarait que les élections auraient lieu par baillage et sénéchaussée. Une réunion préparatoire tenue trois jours auparavant, à Albi, émit le vœu que les députés du Tiers fussent pris parmi leurs pairs et qu'aux Etats Généraux les suffrages fussent comptés par tête et non par ordre. Cette motion fut envoyée à toutes les communes et aux membres du Clergé et de la Noblesse.

A cette époque, le Tarn faisait partie des trois sénéchaussées de Toulouse, de Castres et de Carcassonne. Le canton de Monestiés et Blaye, par conséquent, appartenaient à celle de Toulouse.

Une commission de trente-six membres, parmi lesquels Campmas, docteur de Monestiés, rédigea le cahier des plaintes et doléances dans des réunions tenues à Albi les 30, 31 mars, 1er et 3 avril 1789 (1).

Voici quelques-unes de ces plaintes (2) :

« Après l'expression de ses sentiments de respect et d'amour pour le roi, le Tiers demande : la limitation des lettres de cachet et des arrestations arbitraires ; la liberté de la presse, le droit pour la nation de s'imposer et de répartir l'impôt sur tous et par un même rôle ; le consentement de toutes les lois par les Etats, l'admission de tous les citoyens aux emplois civils et militaires et des ecclésiastiques du Tiers-Etat aux prélatures et autres bénéfices ; la suppression des milices ; la suppression de toute banalité, corvée et servitude personnelle, suppression de tout privilège exclusif se rapportant au commerce et à l'industrie, modification de la discipline militaire, amélioration du sort des curés et vicaires, substitution aux impôts existants d'un impôt foncier et d'un impôt personnel, etc. »

Vingt-huit députés furent nommés pour les trois sénéchaussées ; sur ce nombre, dix étaient de notre département :

Pour le Tiers-Etat :

DEVOISINS Pierre, avocat, de Lavaur ;
CAMPMAS Jean-François, médecin, de Monestiés ;
FOS DE LABORDE, médecin, maire de Gaillac ;
PEZOUS, avocat, d'Albi ;
RICARD, conseiller au sénéchal de Castres.

(1) Les archives de la mairie de Blaye, ni celles des Préfectures du Tarn et de la Haute-Garonne ne contiennent aucun document relatif aux doléances de la commune.

(2) *Histoire du Languedoc*, t. XIV.

Pour le Clergé :

DE BERNIS, archevêque de Damas, coadjuteur d'Albi ;
DE ROYÈRE, évêque de Castres ;
PONS, curé de Mazamet ;
GAUSSERAND, curé de Rivières.

Pour la Noblesse :

Le Comte DE TOULOUSE-LAUTREC.

Henri Rochegude siégea pour le marquis de Badens, démissionnaire, et Cavaillés, de Saint-Pierre de Trévisy, pour de Royère.

DIVISION DE LA FRANCE EN DÉPARTEMENTS. — Le 26 février 1790, l'Assemblée nationale décida la division de la France en départements et voulut que le nom fût emprunté au fait géographique principal ; l'Albigeois reçut le nom de département du Tarn. Il fut divisé en cinq districts : Albi, Castres, Gaillac, Lavaur et Lacaune ; le chef-lieu départemental fut Castres jusqu'à l'an VII. A cette date, Albi fut choisi pour chef-lieu et le district de Lacaune fut supprimé.

Le conseil municipal de Blaye, par délibération du 8 décembre 1790, demanda que le chef-lieu cantonal fût Carmaux et non Monestiés.

DOMMAGES OCCASIONNÉS AUX RÉCOLTES PAR LES PIGEONS. — Pour se conformer au décret de l'Assemblée nationale du 4 août 1790, le conseil de Blaye, sous la présidence de Laporte Antoine, maire, décida, le 24 août 1790, que, « pour éviter les dommages que les pigeons peuvent causer aux fruits de la terre, tout particulier sera tenu de les enfermer durant les mois d'avril, mai, juin, juillet et octobre ; pendant ce temps, il sera permis de tirer dessus comme sur le gibier, mais taxativement chacun dans son fonds, sous peine d'être poursuivi comme infracteur au décret de l'Assemblée nationale ».

SURTAXES EXORBITANTES. — Pour se soustraire à l'avenir aux surtaxes exorbitantes qui pesaient lourdement sur la population blayaise, le conseil municipal délibéra, le 1er novembre 1790, sur le décret du 25 mai 1790 sanctionné par le roi :

« L'Assemblée arrête d'une voix unanime qu'il sera représenté au Directoire du district que le territoire de la municipalité de Blaye éprouve une surcharge exorbitante, le montant des impositions absorbant presque les revenus ;

« Que le terrain, généralement montueux et par conséquent très sujet à être dégradé par la ravine, est en grande partie d'une aridité absolue ;

« Que le froment et le millet, qui sont les seules denrées qu'on y récolte, ne réussissent que très rarement ;

« Que, sur six années, à peine on voit une récolte de médiocre et jamais d'abondante ;

« Que le produit des vignes, qui sont en très petite quantité, y est d'ordinaire absolument nul ;

« Que les arbres fruitiers ne se ressentent pas moins de l'infertilité du sol, ce qui a fait généralement négliger au cultivateur ces ressources si essentielles ;

« Qu'enfin, les prés y sont rares, les fourrages insuffisants ;

« Que le laboureur, ne pouvant nourrir le nombre convenable de bestiaux et troupeaux, est forcé de laisser languir les terres sans engrais ;

« Que, malgré des circonstances si contraires, si nuisibles à l'agriculture, la somme totale des contributions de la municipalité est exorbitante eu égard au peu de moyens que le sol offre aux habitants pour en supporter le poids ;

« Et qu'elle supplie le Directoire du district de prendre en considération ces différents objets, afin qu'elle soit allégée d'un fardeau qu'elle ne pourrait supporter plus longtemps. »

L'Assemblée Législative. — L'Assemblée Constituante se sépara le 30 septembre 1791 et fut remplacée par l'Assemblée Législative.

Le 20 juin 1791, les électeurs du Tarn au nombre de 420, s'étaient réunis à Castres, sous la présidence de Lafargue, pour nommer neuf députés et trois suppléants (1).

Députés :

1. Gausserand Louis-Jean, juge, d'Albi ;
2. Sancerre Louis-François, de Castres ;
3. Audoy Pierre-Séverin, de Lavaur ;
4. Lacombe Saint-Michel, de Gaillac ;
5. Coubé, d'Albi ;
6. Espérou, maire d'Albi ;
7. Leroy de Flages, de Puylaurens ;
8. Lassource, de Castres ;
9. Larroque-Labécède, membre du Directoire du département.

Suppléants :

1. Gouzy ;
2. Meyer, de Mazamet ;
3. Teyssonnières, curé de Gaillac.

Décrets contre les émigrés et les prêtres réfractaires. — Les émigrés très nombreux, qui poussaient

(1) 745 devaient être nommés à raison de 1 par 17,262 électeurs.

les rois étrangers à faire la guerre à la France, n'étaient pas rentrés malgré l'amnistie accordée par l'Assemblée nationale le 14 septembre 1789.

Les 7 octobre et 29 novembre 1791, l'Assemblée Législative prit des mesures rigoureuses contre eux et les prêtres réfractaires. Tous les ecclésiastiques furent tenus de prêter serment dans la huitaine ; ceux qui refuseraient seraient privés de leur traitement ou de leur pension, réputés suspects et placés sous la surveillance des autorités ; ils pourraient être arrêtés au moindre trouble et ils ne pourraient célébrer le culte en opposition avec les prêtres assermentés.

A Blaye, le curé Pierre-Clément Teyssier refusa le serment prescrit par la loi. Il fut d'ailleurs déplacé et nommé dans la paroisse de Larmes, commune de Puybegon. Il fut déporté, et, le 27 messidor an II, il fut rendu à la Chartreuse de Saïx comme infirme, en exécution de la loi du 26 août 1792.

Une délibération du conseil municipal de Blaye du 10 septembre 1791 rejette une demande de pension du prêtre Teyssier pour infirmités, attendu que « l'exposé du susnommé n'est rien moins que conforme à la vérité... ; que le sieur Teyssier n'avait pas sous l'ancien régime, qui tolérait tant d'abus, gagné la bienveillance de ses supérieurs ni celle de ses paroissiens ; que, depuis le nouvel ordre de choses, il a refusé d'obéir à la loi du serment et qu'il a encore fait tous ses efforts pour allarmer les consciences et a causé des troubles et même des émeutes populaires par ses manœuvres et ses discours séditieux ».

Son successeur, le curé Almayrac, prêta le serment prescrit par la loi et avec lui les offices religieux étaient célébrés à Blaye avec les nouveaux insignes de la République.

L'église possédait, en effet, neuf cocardes tricolores, signe de ralliement des patriotes, et un ruban rouge pour garnir l'autel. Le prêtre mettait une de ces cocardes pour officier.

Cet état de choses concernant le clergé et le culte dura encore quelques années. L'arrêté du 28 vendémiaire an IX (20 octobre 1800) annonçait l'abandon prochain des mesures de rigueur prises contre les émigrés et les prêtres réfractaires.

Ateliers de charité. — La misère était grande dans les campagnes et nombreux étaient les ouvriers sans travail. Blaye ouvrit un atelier de charité pour occuper les ouvriers nécessiteux.

Le sieur Jean-Pierre Valière, commissaire député du corps de la communauté, reçut le 18 mars 1792 la somme de trente livres, donnée par le département pour alimenter la caisse communale des ateliers de charité.

Assignats. — A cette époque troublée, l'argent était rare, le numéraire surtout faisait défaut. Un décret de décembre 1789 avait ordonné l'émission d'assignats dont la valeur serait garantie par les biens nationaux dont la vente eut lieu.

Un décret d'avril 1790 donnait aux assignats cours de monnaie, un autre du 12 septembre 1790 établissait que toute somme pouvait être payée en assignats : c'était le cours forcé. Une délibération du conseil municipal de Blaye du 15 avril 1792 demande au Directoire du département la création d'un bureau à Blaye pour faire l'échange des petits assignats de cinq sols et de trente deniers, à cause « de la manufacture de charbon de pierre ».

Valière Pierre père s'offrit pour être receveur; il donnait son fils comme caution et demandait six cents livres pour « en user et se conformer à l'arrêté du Directoire départemental ».

La Convention nationale. — Le 10 août 1792, l'Assemblée Législative décréta la convocation de la Convention nationale.

Les électeurs du Tarn, réunis à Lavaur le 2 septembre, nommèrent les députés de la nouvelle Assemblée.

Furent élus :

1. Lasource, membre de l'Assemblée Législative ;
2. Lacombe Saint-Michel ;
3. Solomiac Pierre, président du Tribunal criminel ;
4. Campmas Pierre-Jean-Louis, administrateur du département ;
5. Marcéjouls Pierre-Stanislas, administrateur du district de Gaillac ;
6. Daubermesnil François-Antoine ;
7. Gouzi Paul-Louis-Jean, membre de l'Assemblée Législative ;
8. Rochegude, ancien membre de l'Assemblée Constituante ;
9. Meyer Jean-Baptiste, administrateur du département.

Suppléants :

1. Terral, administrateur ;
2. Delteil, électeur de Cordes ;
3. Tridoulat Louis-Gaspard, d'Albi.

La Convention nationale réunie le 21 septembre 1792 abolit la royauté et proclama la République.

Un décret du 19 octobre décida que de nouvelles municipalités seraient nommées dans toutes les communes. A Blaye, l'assemblée électorale de la communauté se réunit le 12 novembre.

Furent nommés :

Maire : Delmas Antoine, 26 voix sur 47.

Officiers municipaux : Laporte Jean-François, 34 voix ; Barthélemy Jean-Pierre, 18 voix.

Procureur de la commune : Campmas Antoine, dit Migou, 29 voix.

Notables : Durand Jean, du Suquet ;
Calmels Antoine, de Blaye ;
Laporte Antoine, de Blaye ;
Marre Jean, de l'Endrévié ;
Besses Antoine, de l'Endrévié ;
Reynés Antoine, de l'Imbertarié.

L'installation de la première municipalité de la République eut lieu le 9 décembre 1792. Dans cette réunion, en exécution de la loi du 27 septembre 1792, le citoyen Laporte Antoine fut proclamé officier public et chargé de dresser les actes de l'état civil.

Dans cette même séance, la municipalité prêta le serment suivant prononcé individuellement par tous les membres la main levée : « Je jure d'être fidèle à la loi, de maintenir la liberté, la légalité et de mourir en la défendant. » Ils promirent ensuite de bien fidèlement remplir le devoir de la charge qui leur était confiée et de soutenir les droits de la commune dans tout ce qui n'était point contraire à la loi.

Comités de surveillance. — La République avait certainement pour elle la majorité des Français, mais les partisans de l'ancien régime étaient nombreux et le gouvernement prit des mesures énergiques contre tous ceux qu'il soupçonnait d'être suspects au nouveau régime.

Deux députés conventionnels, Bo et Chabot, furent

envoyés dans le Tarn et l'Aveyron ; le 24 mars 1793, ils se présentèrent au Directoire de Castres, où ils firent établir une taxe sur les gens suspects, « lesquels, par leur indifférence, ont appelé sur la République les fléaux de la guerre en ranimant les espérances coupables des émigrés et celles des despotes coalisés de l'Europe ».

Le 9 avril, un comité de surveillance fut établi dans chaque district ; il était composé de deux administrateurs du district, de deux membres du conseil de la commune et de deux membres de la Société populaire.

Ce comité veillait à la sûreté de la République, recevait les dénonciations contre les gens suspects, décernait les mandats d'arrêt contre eux et faisait apposer les scellés sur leurs papiers. De plus, il délivrait les certificats de civisme et visait ceux que les municipalités avaient délivrés.

Ces certificats, dont voici un modèle, garantissaient la liberté de ceux qui en étaient porteurs. Les demandes devaient être affichées pendant trois jours et réunir pour être agréées les deux tiers des voix du comité.

CERTIFICAT DE CIVISME

« *Département de..., district de..., commune de... Sur le rapport fait au Conseil général de la commune par les commissaires nommés à cet effet que le citoyen..., demeurant à..., municipalité de..., né le..., qui demande un certificat de civisme, a subi les trois jours d'affiche prescrits, qu'à l'appui de sa demande est joint l'avis de sa section sur son civisme, ainsi que la quittance de la totalité de sa contribution patriotique, celle de son imposition mobilière de l'année entière 1792 et années antérieures, ensemble : 1° le certificat que ledit citoyen... n'a point été compris sur la liste des émigrés de ce département et que ses biens n'ont pas été mis en séquestre ; 2° celui de la section de son domicile constatant qu'il réside dans la République depuis le 9 mai 1792 sans interruption jusqu'à ce jour ;*

« *Le Conseil général arrête et déclare que le présent lui est délivré pour certificat de civisme conformément aux lois des 30 janvier, 5 février et 19 juin de la présente année.*

« *Fait à la maison commune de... le... 1793, l'an II de la République une et indivisible.* »

PASSEPORTS. — Pour la sûreté de l'Etat, il était défendu de voyager sans passeport délivré par la municipalité de la résidence ; il devait être refusé à toute personne non pourvue d'un certificat de civisme.

Ce passeport, valable pour un an, coûtait 2 francs.

MODÈLE DE PASSEPORT

« *République Française une et indivisible.*

« *Nous, maire de..., district de..., département de...,*

« *Invitons les autorités civiles et militaires à laisser passer et librement circuler le citoyen..., profession de..., natif de..., département de..., demeurant à..., et à lui donner aide et protection en cas de besoin.*

« *Délivré sur la production de...*

« *Fait à..., le...*

« Le Maire,

« *Signalement de la personne :* »

CHAPITRE V

Les droits seigneuriaux. — Albergue. — Pax, bladade, quête, pesade. — Banalité. — Fouage. — Péage. — Leude. — Taulage. — Corvée. — Pêche et chasse.

Les droits seigneuriaux. — Sous l'ancien régime, le seigneur avait le droit de justice sur ses terres et sur le territoire composant sa juridiction ; il héritait des personnes mortes sans parents et s'enrichissait des biens confisqués aux condamnés ; il avait aussi certains autres droits abusifs qui pesaient lourdement sur le peuple.

Albergue (1). — L'albergue était une redevance au profit du seigneur pour l'exonération d'une servitude ou pour sa jouissance ; elle était due par une commune ou par un simple particulier.

Les communes payaient une albergue pour la jouissance des places publiques servant aux fêtes, aux marchés et aux foires, comme aussi pour la jouissance d'une forêt. Quelquefois, un simple particulier devait une albergue au seigneur pour avoir un four dans sa maison.

Pax, bladade, quête, pesade. — Ces mots presque synonymes désignaient un impôt sur les bêtes de labour, sur les hommes travaillant la terre aux XIe et XIIe siècles.

(1) Rossignol, *Histoire des Institutions.*

Banalité. — La banalité était un droit qui permettait au seigneur de forcer ses vassaux à employer pour leur usage, moyennant une redevance, le moulin, le four, le pressoir, les taureaux, les verrats lui appartenant. Tous ces droits étaient payés en nature : pour le four, on donnait d'habitude une poignée de pâte; pour le moulin, à Rabastens, on donnait, vers 1305, douze livres de farine par setier de blé moulu.

Fouage (vient de feu). — C'était le droit dû au seigneur par chaque ménage, par chaque feu qui faisait paître des animaux dans certains pâturages. Dans quelques localités, à Cestayrols, par exemple, ce droit se payait en nature; il était d'une poule remise au seigneur tous les ans le jour de la Saint-Julien (28 août); ce mode de paiement portait le nom de *gallinage*.

Péage (ou de traverse). — Ce droit se payait pour le passage dans la ville du seigneur ou pour l'usage de ses terres, de ses chemins, de ses ponts, de ses gués et de ses bois. Il était désigné quelquefois sous le nom de *barre*, *barrage*, car on mettait une perche en travers du chemin, qu'on levait dès que le droit était perçu. En 1614, à Rabastens, ce droit était de six deniers par charrette chargée et de deux deniers par chariot.

Leude. — C'était une taxe sur les marchandises apportées aux marchés et aux foires. A Cordes et à Gaillac, il était d'un denier par tête de gros bétail et par charge de blé ou de vin acheté sur le marché.

Taulage (vient de étaler). — Ce droit consistait, les jours de fête, de marché ou de foire, à prélever une redevance sur chaque table de marchandise mise en vente. A Cordes, il était d'un ou deux derniers par banc de boucherie.

Corvée. — La corvée désignait la redevance des journées de travail sur les chemins, les champs ou les propriétés des seigneurs.

Sous Louis XIV, Colbert employa les sujets à la corvée royale pour l'entretien et la construction des routes ; c'est de cette époque que viennent les prestations payées encore aujourd'hui.

Pêche et chasse. — On a vu que le seigneur avait le droit de pêche et de chasse sur toutes les propriétés composant sa juridiction. Les particuliers ne pouvaient pêcher et chasser que sur leurs terres, sinon ils étaient passibles de peines très sévères. En 1772, un délit de chasse dressé par le garde particulier du seigneur de Solages rapporta 100 livres au propriétaire.

La permission d'avoir des pigeonniers et des garennes était facilement donnée aux habitants, mais le gibier ne pouvait être abattu que dans la propriété où il habitait. Quelquefois, dans certaines localités, les habitants pouvaient pêcher sur tous les cours d'eau en payant un léger droit.

CHAPITRE VI

La vie communale à Blaye. — Les consuls. — Liste de quelques consuls. — Liste des maires. — Impositions et compoix-terrier. — Compoix de 1697. — Cadastre actuel. — Budget communal en 1744, 1791, 1914. — Octroi. — Blaye au XVIIe siècle. — Vieux noms disparus. — Les biens communaux. — Le four communal.

Les consuls. — Avant 1789, l'administration des communes appartenait à un nombre variable de notables appelés consuls. Une ordonnance royale de 1389 fixait à quatre le nombre des consuls des villes de la province, tandis que les petites localités n'en avaient que deux ou trois.

Au XIVe siècle, les consuls de Blaye, en conformité de l'acte de fondation de la commune, étaient nommés par les coseigneurs ; mais dans la suite cette nomination subit d'importants changements et, au siècle suivant et jusqu'à la Révolution, les consuls furent élus tous les ans, le premier dimanche de décembre, par l'assemblée des taillables du lieu réunis en conseil général de la communauté. Il n'en était pas de même dans toutes les communes appartenant au roi ; dans quelques-unes, les consuls étaient simplement choisis par le représentant royal sur une liste dressée par les municipalités sortantes.

Tous les taillables du lieu pouvaient aspirer aux

fonctions consulaires ; cependant, dans quelques localités, les usuriers et les hérétiques en étaient exclus ; peu à peu, cette exclusion s'étendit aux magistrats, aux agents comptables, aux condamnés pour crimes et aux proches parents des consuls en exercice.

Blaye nommait tous les ans deux consuls ; le premier, qui avait à peu près toute l'influence, était celui qui obtenait le plus de voix.

Les deux consuls jouissaient du revenu de biens communaux assez importants dont ils payaient l'imposition ; en outre, ils recevaient un traitement annuel de 8 livres pour le premier et 6 livres pour le second consul (1).

Les consuls nouvellement nommés recevaient, avant 1744, 12 livres pour l'achat de leur livrée et de leur chaperon.

Avant de rentrer en charge, les consuls prêtaient serment devant le juge du Bout-du-Pont du Tarn, à Albi (2). Une fois installés, ils avaient un chaperon rouge et noir qu'ils devaient porter dans l'exercice de leurs fonctions, à l'église et dans toutes les fêtes solennelles.

Le valet consulaire était chargé de porter le chaperon aux consuls quand ils devaient le mettre. Il recevait 10 livres de traitement avant 1744 et 6 livres seulement après cette date. Le valet était chargé aussi de placarder les affiches, les mandements de l'intendant et de convoquer aux diverses assemblées.

L'élection consulaire de Blaye ne se fit pas toujours

(1) *Archives départementales*, série C, liasse 816.

(2) Le serment avait lieu genoux en terre, les mains posées sur le livre des évangiles.

régulièrement (1) et certains consuls se maintenaient au pouvoir sans procéder à de nouvelles élections et sans prêter le serment prescrit devant le juge d'Albi.

Un jugement rendu à la requête du procureur royal le 13 octobre 1692 fait défense à la communauté de Blaye de procéder aux élections consulaires sans en prévenir la Cour et aux consuls d'exercer leur charge sans avoir prêté serment.

Les élections qui suivirent eurent lieu en présence du juge d'Albi, avisé trois jours à l'avance et venu à Blaye pour présider cette opération.

Les fonctions consulaires étaient étendues et avaient une grande analogie avec celles des maires actuels ; les consuls s'occupaient des intérêts communaux, s'engageaient à être fidèles à leur office, qui consistait à bien rendre les jugements, à s'occuper du soin et de la propreté des rues du village et des chemins, à constater et à punir les délits, à surveiller l'emploi des poids et mesures, à faire procéder à la levée des impôts et à s'occuper de la police de la localité. Le premier consul était marguillier de droit.

Les consuls avaient un sceau pour authentiquer leurs actes ; ceux de Blaye étaient juges pour le roi en toutes causes criminelles ou autres intéressant les particuliers pour la justice basse jusqu'à 3 livres 15 sols. Ils perdirent cette prérogative en 1773, à la nomination d'un juge spécial de Blaye (Gaujarengue Barnabé) siégeant à Carmaux, nommé par les de Solages (2). En outre,

(1) *Archives départementales*, série B, liasse 454.

(2) Vers 1730, le consulat de Blaye fut rattaché à la juridiction seigneuriale de Vendeilles, près Monestiés, pour les délits commis sur les terres du sgr de Solages.

ils étaient chargés de la confection du rôle des impositions avec le greffier consulaire, qui recevait 25 livres de traitement, dont 12 pour les gages ordinaires et 13 pour la façon des rôles. En 1744, ces gages furent portés à 30 livres.

Les réunions consulaires et les assemblées de la communauté avaient lieu, à Blaye, dans la maison commune jusqu'en 1797; après cette date et jusqu'en 1870, une salle fut affermée dans la localité pour servir de mairie.

Liste de quelques consuls :

1669, Salvy Michel et Bigorre François.
1670, Toulze Antoine et Rieuneau Antoine.
1671, Laporte Jean et Salvy Michel.
1672, Campmas Pierre et Bousquet Pierre.
1677, Campmas Pierre et Jarlan.
1683, Campmas Pierre et Bigorre François.
1684, Laporte Jean et Gazaignes Antoine.
1685, Aurel Jean et Durand Pierre.
1790, Campmas Antoine et Andouart Pierre.

Liste des maires :

1792, Laporte Antoine, du Ségalar, titulaire de la médaille civique du 10 août 1793.
9 octobre 1793—4 germinal an II, Delmas Antoine.
4 germinal an II—10 nivôse an III, Valière Pierre.
10 nivôse an III—7 ventôse an VI, Laporte Jean-François.
7 ventôse an VI—16 floréal an VI, Campmas François.
16 floréal an VI—1er frimaire an IX, Laporte Jean-François.
1er frimaire an IX—janvier 1813, Delmas Antoine.
janvier 1813—24 septembre 1826, de Solages François-Gabriel, chevalier de la Légion d'honneur.
24 septembre 1826—1831, Laporte Jean-Pierre.
1831—29 décembre 1832, Andouart Pierre.
29 décembre 1832—18 janvier 1835, Héral Jean-Baptiste père.

18 janvier 1835—26 mai 1839, LAPORTE Marc-Antoine.
26 mai 1839—22 juin 1839, MARTY Jean-Pierre.
22 juin 1839—20 août 1843, CALMELS Antoine.
20 août 1843— 7 mai 1871, LAPORTE Jean-Pierre.
7 mai 1871—17 mai 1908, HÉRAL Jean-Baptiste, ex-député.
17 mai 1908, PALAZY Louis-Alexandre.

IMPOSITIONS ET COMPOIX-TERRIER. — Les impôts payés par les communes peuvent être classés en impôts royaux, impôts provinciaux et impôts municipaux. Ce fut Charles VII qui, en instituant l'armée permanente pour lutter contre les Anglais, établit les tailles perpétuelles. Au début, les propriétaires fonciers faisaient eux-mêmes des déclarations concernant leurs terres; elles étaient affirmées véritables sous serment et servaient de base pour l'établissement des tailles ; mais, vers 1333, la répartition des impôts eut lieu par contenance et par qualité de terrain, comme cela se pratique encore de nos jours.

Les premiers livres d'estime sur lesquels se faisait l'assiette de l'impôt datent du milieu du XIVe siècle (1) ; ils arrivèrent peu à peu à contenir des détails suffisants sur chaque propriété pour permettre une délimitation précise et la nature exacte de la qualité du sol.

Ces livres, très intéressants, appelés compoix-terriers, ne furent pas toujours conservés dans les archives communales. Celui de Blaye, qui date du 21 janvier 1697, avait été précédé d'un autre plus ancien.

C'est le « Livre de l'estime et de l'allivrement » (valeur en capital) des terres fait par cétérée de 324 perches ; il a servi de base à la confection des matrices et du

(1) Les plus anciens de notre département sont ceux de Montmiral (1342), d'Albi (1343) et de Labruguière (1391).

cadastre. Il a permis de trouver d'utiles indications sur la valeur des terres, sur la nature des récoltes, sur la richesse foncière de la commune au XVIIe siècle ; actuellement il renseigne sur la profession des habitants de cette époque, sur l'importance des agglomérations et fait connaître le nom des anciennes familles. Les propriétés nobles, étant exemptées d'impôts, n'y figurent pas.

Le revenu total des terres de la commune de Blaye en 1697 était de 200 livres, ce qui représenterait aujourd'hui 4,000 francs.

Les impôts royaux étaient répartis tous les ans par les assemblées diocésaines constituées en assiettes. Dans chaque commune, les consuls recevaient la « mande », c'est-à-dire la part contributive annuelle de la communauté. Une assemblée des habitants avait lieu alors pour fixer les dépenses communales, qui s'ajoutaient à la quotité fixée par l'assemblée diocésaine ; elle fixait aussi, au sol la livre, la somme que chaque contribuable devait payer suivant déclaration inscrite au compoix.

Dès leur création, pour l'entretien des chemins, des ponts, des fortifications, etc., les communes furent autorisées à s'imposer. Quelquefois, pour des motifs imprévus et temporaires, les impositions avaient lieu sur les denrées et les marchandises : c'étaient les *arrhes*, perçues presque toujours avec le consentement des populations au moment de la vente des denrées.

Les *subsides* constituaient un impôt extraordinaire établi pour quelque temps avec le consentement des habitants.

Le collecteur chargé de la levée des impôts était nommé aux enchères publiques; celui qui demandait le moins pour son travail était collecteur pour un an.

En 1743, à Blaye, Jean Campmas, nommé collecteur, recevait 30 livres 14 sols 10 deniers pour honoraires.

Le 15 avril 1790, François Campmas fils, de la ville, fit la levée des tailles à raison de 4 deniers par livre, en donnant « bonnes et suffisantes cautions ».

L'année suivante, Jean-François Laporte demanda d'abord 8 deniers par livre, mais il diminua ses exigences et opéra pour 6 deniers ; il reçut 74 livres 18 sols 3 deniers pour honoraires.

En 1792, le collecteur Marc Laporte, de Rosières, fut payé 8 deniers par livre.

En 1793, l'adjudication fut plus animée et les concurrents nombreux :

1. Marc Gayrard, du Pouzac, demanda 10 deniers par livre.
2. Jean-Louis Valière, de Blaye, demanda 9 deniers.
3. Campmas fils, de Blaye, demanda 8 deniers.
4. Valière, de Blaye, demanda 6 deniers.
5. Barthélemy, de la Tronquié, demanda 5 deniers.
6. Valière, de Blaye, demanda 4 deniers.

Ce dernier, déclaré collecteur, offrit pour caution Reynés Antoine, laboureur, de l'Imbertarié.

Le COMPOIX DE 1697. — La confection de ce compoix fut confiée à Jean Metge, arpenteur de Lescure, par les consuls de Blaye Jean Aurel et Pierre Durand. L'acte intervenu fut passé le 22 juillet 1685, devant Me Guillaume Gaujarengues, notaire royal de Blaye. Les honoraires furent de 214 livres 15 sols 10 deniers ; mais la somme n'était pas disponible quand le travail fut achevé et les héritiers de Metge reçurent en 1703 (intérêts compris) 235 livres 5 sols 10 deniers.

Les héritiers de Bernard Boyer, praticien de Blaye,

qui avait travaillé au compoix, reçurent pour vacations 58 livres 9 sols.

Ce compoix était précédé des préambules suivants :

« L'autorisation du présent compoix a été faite à la diligence de moi, Pierre Campmas, praticien de Blaye, qui a été par moi apporté à Tholoze pour faire publier et annoter, porté à Montpellier pour faire autoriser suivant le pouvoir à moi donné en conséquence de la délibération de la communauté du mois de novembre 1696. En foi de quoi, me suis signé ce 21 janvier 1697. — *Signé* : « CAMPMAS. »

« Nous, Jean Metge, arpenteur, habitant de Lescure, Jean Laville, marchand de Cadornac, Pierre Groc, marchand de Monestiés, et Bernard Boyer, praticien de Blaye, certifions à tous ceux qu'il appartiendra qu'en conséquence de la délibération prise par Messieurs de la hantise de Blaye, portant nomination de nos personnes pour procéder à la faction d'un nouveau cadastre du dit consulat et des actes de bail ensuite à nous passés par Messieurs les consuls de Blaye, le 22 juillet 1885, devant Guillaume Gaujarengues, notaire royal de Blaye, savoir : nous dit Metge pour faire l'arpentement et *anourd* (annotation), Laville et Groc pour faire l'abonnement et moi dit Boyer pour faire l'*estimon* (estimation) des dites *poussiondes* (portions), nous nous sommes transportés au faubourg du Bout-du-Pont du Tarn de la ville d'Albi par devant Me Jean de Lauvenoy, conseiller du roi et sous-lieutenant principal en la judicature d'Albigeois et juge du dit Bout-du-Pont du Tarn, en suite de l'assignation à nous donnée à la requête des dits consuls, pour prêter le serment en tel cas requis conformément à l'arrêté rendu par nosseigneurs de la souveraine cour des comptes et finances de Montpellier ;

portant permission de faire procéder à la faction du dit cadastre et ensuite nous aurions commencé notre travail le 12 novembre 1685, et sur le brevet de campagne contenant l'arrentement et abonnement des possessions de l'entier consulat de Blaye, aurions continué le dit travail et parachevé celui-ci dans un mois et demi.

« Le dit arpentement fait par moi Metge, arpenteur, sous la *perge* (perche) de huit pans de longueur, faisant la cétérée de 324 perges carrées suivant le précédent compoix, et le dit abonnement fait par nous Laville et Groc, évaluateurs par degrés en nombre de 7, le premier portant six sols par cétérée de bon bois et prés, trois sols pour la moyenne cétérée et un sol six deniers pour l'aoûs (1) cétérée ; quatre sols pour cétérée de terre bon caussé, deux sols pour moyenne cétérée et un sol pour l'aoûs cétérée du dit caussé; trois sols par cétérée terre bonne boulbène et bon ségalar, un sol six deniers pour la moyenne cétérée et neuf deniers pour l'aoûs cétérée de la boulbène et ségalar et pour les maisons, chenevières et vignes.

« Comme le dit bon caussé le tout dûment juste contenance et c'est notre vétation (vœu) que nous avons faite en Dieu et conscience ou serment par nous *presté* et sans *support* de personne au dit Blaye le 27 décembre 1696.

« En foi de quoi nous nous sommes signés :

« Metge, arpenteur; Laville, abonnateur; Groc, indicateur ; Boyer, indicateur. »

Ce compoix avait été précédé de l'ouverture d'un *livre journal terrier* où Pierre Campmas, praticien de Blaye, avait reçu les déclarations des propriétaires.

(1) L'aous ou l'aouse, ancienne mesure de surface.

Voici le préambule de ce livre, qui devait servir à la confection du cadastre :

« Je soussigné ai, en conséquence du pouvoir à moi donné par la délibération de la communauté du 6 avril dernier, fait le livre du chargement et déchargement qui s'ensuit pour à l'avenir être couchés les changements de terres dans le tailhable de Blaye comprises au compoix fait en 1685 et ai aussi fidèlement traduit tous les chargements et déchargements qui auront été faits depuis la faction du dit compoix d'actes depuis l'autorisation d'iceluy sur le brouillard qui en avait été fait par moi soussigné de l'ordre et mandement des consuls pour l'hors en charge (pour cette charge).

Signé : « CAMPMAS. »

Voici à titre de curiosité un fragment de la première page du compoix de Blaye :

« M. Guilheaume Gaujarengues, notaire royal tian (tient) maison, grange, four, fournial, pigeonnier, establar et claux joignant al barry du dit Blaye, confrontant avec quatre rues publiques, jardin des héritiers Bernard Vaissé, contenant tout voir en couvert, un boisseau, quatre perches estimé bon causse alivré à un sol sept deniers mailhe pite demy pite, cy 1 sol 7^{d} m^{a} p^{te} 1/2 p^{te}. »

LE CADASTRE ACTUEL. — Le compoix de 1696 laissait non imposées quelques terres appartenant à la classe privilégiée.

La division de la France en départements, districts et communes, votée par l'Assemblée Constituante, mit les municipalités dans la nécessité de donner des limites absolument régulières à leur commune.

Se conformant aux ordres du gouvernement et à

l'article 1er du décret de l'Assemblée nationale des 22 et 23 novembre 1790 accepté par le roi en décembre suivant, le conseil municipal de Blaye divisa la commune en cinq sections le 6 février 1791 :

DÉSIGNATION DES SECTIONS	NOMBRE D'ARTICLES	SURFACE	REVENU
Section A1 de Blaye.......	567	194ha 59a 21ca	3978f 10
— A2 de Vertuech...	378	192 1 94	2592.10
— B1 de la Verrerie..	222	145 80 49	2841.79
— B2 de la Tronquié.	321	166 50 54	2824.05
— B3 de l'Endrevié..	287	163 32 14	3012.28

Le 28 mai 1792, Duffour Joseph, fendiste à Blaye, fut nommé vérificateur de section; il reçut 100 livres d'indemnité pour la confection des matrices.

Le plan cadastral, fait par le géomètre Guyot, fut terminé sur le terrain le 20 mai 1811. La surface de la commune était de 863 arpents 26 perches 14 mètres et son revenu matriciel était de 15,248 fr. 32.

Budget communal de 1744 (1). — Dépenses :

Traitement des consuls	14 livres
— du greffier consulaire........	25 »
Gages pour l'achat de la livrée consulaire.	12 »
Cire pour procession à Notre-Dame de la Drèche	6 »
A reporter......	57 livres

(1) *Archives départementales*, série C, liasse 816.

Report.........	57 livres
Traitement du valet consulaire..........	10 »
— collecteur d'impôts.......	30l 14s 10d
Dépenses imprévues..................	15 »
Total..................	112l 14s 10d

La communauté, ayant peu de ressources, empruntait à de simples particuliers pour les grands travaux. En 1671, une somme de 1,616 livres 13 sols 6 deniers était due à demoiselle Françoise de Parez d'Albi (1). Les comptes étaient vérifiés tous les ans à Montpellier par l'intendant des finances du Languedoc.

BUDGET DE 1791. — Recettes :

Principal et sols additionnels de la contribution foncière....................	5.355l 5s 6d	
Principal et sols additionnels de la contribution mobilière..	554l 9s	
Total...........	5.909l 14s 6d	5.909l 14s 6d
Dépenses :		
Impositions pour dépenses ordinaires et imprévues................	109l	
Traitement du collecteur...	74l 18s 3	
Total pour les charges locales	183l 18s 3	183l 18s 3d
Total général des impositions de la municipalité		6.093l 12s 9d

En 1738, le montant des impositions était de 2,311 livres (2).

Comme on le voit, les recettes affectées aux dépenses

(1) *Archives départementales*, série C, liasse 755.
(2) *Id.*, *ibid.*, liasse 816.

communales n'atteignaient sous la Révolution que le chiffre de 183 livres 18 sols 3 deniers ; la commune, peu peuplée alors, avait peu de besoins.

RUDGET DE 1914. — Recettes : Rapport des impositions :

Propriétés bâties	4.622 19
Propriétés non bâties	4.545 49
Contribution personnelle-mobilière	4.084 79
Contribution des portes et fenêtres	3.625 63
Contribution des patentes	2.915 89
Total	19.793 99

Sur ce total, voici la part qui revient :

A l'Etat	11.841 46
Au département	5.948 74
A la commune	1.991 77
Taxe pour fonds de garantie (accidents travail)	12 02
Total	19.793 99

Indépendamment de ces revenus ordinaires, la commune a d'autres ressources provenant des permis de chasse, des concessions du cimetière, de l'octroi, des viandes de boucherie, d'une allocation de 1 % provenant de la redevance des Mines, et peut dépenser en 1914 la somme totale de 16,141 fr. 55.

Comme on le voit, le budget communal depuis cent ans a subi de profondes modifications tant pour les recettes que pour les dépenses.

OCTROI DE BLAYE. — L'octroi municipal et de bienfaisance fut établi le 1er vendémiaire an XIV (1806). Le tarif était le suivant :

CHAPITRES de PERCEPTION	OBJETS SOUMIS AUX DROITS	MESURES et POIDS	DROITS à PERCEVOIR	OBSERVATIONS
Boissons et Liqueurs	Vins de toute espèce en cercle...	L'hectolitre	0f 40	La quantité au-dessous et au-dessus de l'hectolitre paie le droit proportionnel.
	Vins en bouteilles........	Le litre	0 05	La bouteille commune sera considérée comme litre.
	Vendanges........	L'hectolitre	0 27	Au-dessous de 10 kg. les raisins ne paient pas.
	Vinaigres en cercles........	Id.	0 60	
	— en bouteilles........	Le litre	0 05	
Comestibles	Bœufs et vaches........	Par tête	6 »	Les animaux divisés par moitié paient dans la proportion du droit de tête ; au-dessous ils acquittent au poids comme viande dépecée.
	Veaux, taureaux, génisses........	Id.	3 »	
	Cochons........	Id.	2 »	
	Viande dépecée fraîche ou salée.	Le kg.	0 05	

Les revenus de l'octroi étaient modestes au début,

car la population imposée n'atteignait pas cinq cents habitants.

Tableau du revenu de quelques années :

1807.......	171f 65	1817.......	210f 10
1808.......	278 85	1818.......	229 20
1810.......	455 »	1819..... .	227 70

En 1847, il fut affermé à Mazet Jean, de Blaye, pour la redevance annuelle de 510 francs.

De nos jours, les droits d'octroi sont perçus par trois bureaux placés au village, aux Plaines et à la Barraque; les agents reçoivent comme traitement le dixième du produit.

Les viandes mises en vente, le carbure de calcium employé par la Mine, les graisses à graisser et les porcs sont seuls imposés et ont rapporté en 1913 la somme de 5,749 fr. 13.

Les animaux abattus sont l'objet d'une visite sanitaire opérée par un vétérinaire communal et les tueries particulières sont souvent inspectées. Toutes les précautions d'hygiène sont prises pour offrir à la population une viande de premier choix.

Blaye au xviie siècle. — Vers 1650, le sol de notre commune appartenait à 144 propriétaires. Sur ce nombre, 81 seulement y étaient fixés à demeure, tandis que les autres habitaient Carmaux, Albi, Saint-Benoît et autres lieux voisins.

Le village comprenait 58 maisons, l'Indrevié 13, Vertuech 5, le Ségalar, la Tronquié et l'Imbertarié 1; le Pouzat de Labastide en avait 6.

Les professions des habitants peuvent être classées de la manière suivante :

Village : 40 propriétaires-cultivateurs, 8 marchands,

3 cordonniers, 1 travailleur des champs, 1 forgeron, 1 voiturier-charron, 1 praticien-géomètre, 1 notaire, 1 bourgeois, 1 chapelain.

Vertuech : 1 tailleur, 1 peigneur, 3 propriétaires.

Ségalar : 1 marchand.

Indrévié : 13 propriétaires.

Imbertarié : 1 propriétaire.

La population blayaise était alors essentiellement agricole et vivait du produit des terres, mais les impôts étaient lourds et les récoltes souvent mauvaises; aussi, nos devanciers avaient une condition bien plus misérable que la nôtre.

Aujourd'hui la manière de vivre est avantageusement changée. Les grands propriétaires sont rares; les terrains morcelés et mieux travaillés donnent un meilleur rendement. Les ouvriers mineurs sont nombreux qui ont pu devenir propriétaires d'une maison avec jardin. Un luxe discret entre peu à peu dans les habitations ouvrières, où le bien-être et le confort sont en progrès sensible.

Le nombre des propriétaires s'élève aujourd'hui à 751 ; il peut s'accroître encore, mais dans des proportions modestes, car les meilleurs emplacements sont détenus par les Mines et la famille de Solages occupant ensemble 414^{ha}79^{a}93^{m2}.

La forme du village n'a guère varié, mais les rues sont plus larges et mieux aérées ; une place publique est venue embellir la cité et a remplacé « le fossé de la ville », rempli autrefois d'eau bourbeuse, où les canards venaient barboter et les animaux de labour se désaltérer. Le chemin des processions, qui faisait le tour du village en passant à la Potence, à Fonvieille, au Suquet et à la Nougarié, a disparu ; l'église a été dégagée en partie d'un pâté de maisons qui l'entouraient de toutes parts et du vieux cimetière. Des innovations heureuses sont venues moderniser le village et les principales agglomérations ; l'éclairage électrique aux nombreuses lampes bien placées dissipe les ténèbres de la nuit et un bureau de Poste coquet est venu faciliter les transactions, tandis qu'un courrier en voiture a effacé la distance, peu grande d'ailleurs, de Blaye à la garde de Carmaux.

Vieux noms disparus. — De nos jours, les hameaux de Bois-Redon, Ségalar, Sainte-Marie, Combecroze ont pris une extension rapide et importante ; par contre, certains lieux de l'ancien cadastre n'existent plus, tels: la Malautié, placé tout près du Capalou ; le Théron, près du Candou, non loin de la gare ; le Vivier, près de l'Imbertarié ; le moulin de la Cantarane, placé sur Candou, à côté de l'église de Bois-Redon ; la Béladié et le Boumbidou, près du cimetière Saint-Salvi ; la Fountasse, près des Garrigues ; le Coustou del Galan, à Frayssinette ; le Cual del Pech, près du ruisseau de Frayssines.

Les biens communaux. — Depuis une époque fort ancienne, la commune possédait un certain nombre de champs disséminés un peu partout sur son territoire. Les plus importants étaient aux Cantaures, à Rouffiac, à l'Abeillé, à Brugayrac, à la Combe de la Roque, au Colombié et à Blaye.

Ces terrains avaient les consuls pour usufruitiers. Dans la suite, quelques-uns furent vendus et, en 1810, la commune ne possédait plus que le cimetière, l'église, le presbytère, le four communal, l'ancien cimetière Saint-Salvy et le Colombier.

Ces deux derniers furent adjugés, à la mairie, le 20

septembre 1818, l'un à Laporte Pierre, du Ségalar, et l'autre à Chassignet Claude, d'Albi.

Le four communal fut vendu, à la Préfecture, le 3 juin 1813, à Laporte Jean-Baptiste, de Blaye, et le produit versé à la caisse d'amortissement.

Le four communal. — Le droit de fournage constituait, sous l'ancien régime, une des prérogatives ordinaires des seigneurs. Blaye ne dérogea pas à cette coutume et l'unique four du village, propriété communale dès le XVIIe siècle, fut affermé jusqu'en 1791 pour l'indemnité annuelle de 12 livres au profit de la communauté.

Les fours particuliers étaient d'ailleurs gênants et les propriétaires tenus de les démolir ou de servir une albergue au roi ou au seigneur, suivant le cas.

D'après un acte de 1671, trouvé dans les archives de Toulouse (1), Blaye, Rosières et autres lieux de la région déclarèrent ne rien devoir pour le droit de fournage.

Deux autres fours communs existaient dans la commune et servaient pour la cuisson du pain aux habitants de l'Indrevié et de Vertuech.

On sait que les boulangeries n'existaient autrefois que dans les villes et que, dans les campagnes, chaque ménage faisait son pain.

A des jours fixes, le fournier de Blaye cuisait le pain des habitants du village. Le paiement avait lieu en nature et chacun, suivant le nombre de miches, offrait un morceau de pâte plus ou moins gros.

Le fournier obtenait ainsi des pains à son usage dont

(1) Rossignol.

les tranches diversement colorées rappelaient les pâtes utilisées.

Les moulins de Carmaux, de Monestiés, de la Cantarane, sur Candou, en hiver ; celui de Lamothe, à Albi, en été, procuraient la farine nécessaire. Le moulin à vent de la Guignerette, dont les ruines existent encore, rendait aussi d'importants services.

CHAPITRE VII

Histoire religieuse. — Eglise de Blaye. — Les cloches. — Paroisse Saint-Salvy de Blaye. — Le Presbytère. — Procession à la Drèche. — Les terrains obituaires. — Liste des prêtres de Blaye.

Histoire religieuse. — Au Moyen-Age, la chapelle Saint-Salvy ou des Boyers, dont il ne reste aujourd'hui aucune trace, servait d'église à la paroisse Saint-Salvy de l'Agrefeuille. Placée entre les agglomérations les plus importantes de la commune, Blaye, Vertuech et l'Indrévié, elle servit au culte paroissial jusqu'en 1600. Mais, à cette époque, la paroisse fut agrandie par l'adjonction du Pouzat et l'église fut bâtie dans le village sur l'emplacement actuel.

Le cimetière Saint-Salvy servit longtemps encore aux sépultures, et ce n'est que vers 1700 qu'un cimetière fut placé dans le village, contigu à l'église.

La chapellenie, érigée par donation de la famille Boyer, servait accidentellement d'église paroissiale ; elle était arrentée par le revenu de nombreux terrains obituaires dont le chapelain était usufruitier. L'un d'eux, Pierre Calmels, fixé à Blaye de 1650 à 1685, n'officiait point dans l'église du village desservie par les prêtres de Carmaux.

Vers 1700, cette chapelle, tombant de vétusté, ne fut point réparée et le cimetière seul subsista longtemps encore, car, en 1761, une maladie contagieuse ayant fait de nombreuses victimes à Blaye, il reçut sept ou huit corps.

Aujourd'hui, les travaux agricoles opérés sur son emplacement exhument de vieilles monnaies et des ossements nombreux. Trois sarcophages en pierre de Monestiés, sans aucune inscription, y furent trouvés il y a cinquante ans environ ; l'un d'eux renfermait le squelette bien conservé d'un personnage de marque, ou plus vraisemblablement celui d'un membre de la famille fondatrice de la chapellenie.

Les biens obituaires dont jouissait le chapelain furent cédés aux prêtres de Carmaux vers 1700. Deux champs, en 1754, furent vendus par Pierre Pezet et Jean Couderc, officiants, à Pierre Laporte, laboureur de Blaye, moyennant l'obligation pour ce dernier de donner tous les ans, le jour de la Saint-Julien (28 août), deux demi-quarterons de blé-froment (1).

Eglise de Blaye. — La première église de Blaye fut construite vers 1600. Elle se dressait au milieu du village sur l'emplacement actuel et a été l'objet de nombreuses transformations. A l'origine, elle était entourée d'un groupe de maisons s'avançant vers la place. De style ogival, elle était peu chargée d'ornements. Le clocher quadrangulaire était placé sur le côté sud-ouest. Ses dimensions étaient modestes, car elle n'avait que « 10 cannes de long sur 4 de large intérieurement (2) ». Tout autour était ménagée une venelle d'un mètre de largeur appelée « Tour de Ville ».

Au pied du clocher, un puits public de quatorze mètres de profondeur, construit, dit-on, par les Anglais,

(1) Serres, notaire royal à Carmaux.
(2) $17^{m}87$ sur $7^{m}14$.

était terminé à sa base par un immense réservoir creusé dans le roc (1).

L'église actuelle, de style ogival, n'offre rien de particulier ; elle fut successivement agrandie en 1760, 1845, 1860 et 1897. Le sanctuaire, tourné au levant, est polygonal ; les côtés sont sur pilastres séparés les uns des autres par des arcades de 4m30 de diamètre. Sa longueur totale est de 22m60 et sa largeur de 9m50. Le clocher, à base quadrangulaire, se termine par une flèche octogonale de vingt-six mètres de haut recouverte d'imbrications d'ardoises.

L'avant du clocher est percé d'un baie circulaire garnie, depuis 1791, par le cadran de l'horloge (2).

Les cloches. — L'église possède deux cloches, dont l'une date de 1616 ; par suite de fêlure, l'autre fut refondue à Toulouse en 1880. L'opération coûta 1,200 francs.

Paroisse Saint-Salvy de Blaye — Jusqu'à l'application du Concordat, la paroisse Saint-Salvy de Blaye demeura une annexe de Carmaux ; elle était d'ailleurs peu importante, car, en 1695, d'après *Albia christiana*, elle ne comptait que 276 habitants ; en 1789, elle n'avait encore que 220 communiants.

(1) On sait que les chrétiens comme les païens bâtissaient leurs temples à côté d'une source vive ; à défaut de celle-ci, ils creusaient un puits qui, après l'institution de l'eau bénite, servait à puiser l'eau pour cet usage et pour la purification des vases sacrés.

(2) En 1791, le citoyen Jean-Pierre Valière, estant procureur de la commune de Blaye, a fourny pour le reloge :

8 cannes postan de chêne	42 livres.
12 livres de bois sec	12 —
Plus 20 journées de menuisier à 2 livr. l'une	40 —
Plus l'éran du reloge	15 —
Total	109 livres.

Au titre décimateur, elle appartenait à l'archidiacre d'Albi ; ses revenus étaient peu rémunérateurs :

En 1608, les dîmes de Carmaux, Blaye et Saint-Benoît furent affermées pour le prix de 270 livres.

En 1613, elles atteignaient 300 livres.

En 1633, les dîmes de Rosières et le quart des autres (Carmaux, Blaye, Saint-Benoît) furent affermées pour 300 livres et en 1634 leur valeur était de 360 livres.

En outre des dîmes, les prêtres de Carmaux étaient usufruitiers de terrains obituaires importants dont ils payaient l'imposition.

Le presbytère. — Le presbytère date de 1785 ; primitivement, il était contigu à l'église. Sous la Révolution, il fut vendu comme bien national et racheté en 1816 par cinq propriétaires qui le cédèrent à la commune pour 6,000 francs.

Il fut successivement agrandi en 1824 et 1881 par suite d'achats d'immeubles voisins.

Avant 1785, les vicaires de Carmaux, qui voulaient bien se fixer à Blaye, étaient logés à leurs frais ; c'est ce qui explique que peu d'entre eux habitèrent le village.

Procession a la Drèche. — Depuis bien longtemps, une procession a été organisée tous les ans à Notre-Dame de la Drèche par la paroisse Saint-Salvy de Blaye « pour demander la conservation des fruits de la terre ». Elle a lieu le jour de la Fête-Dieu.

Avant 1744, la somme de 3 livres 10 sols était inscrite annuellement au budget communal pour l'achat de la cire nécessaire à la célébration de la messe et des autres cérémonies. Après cette date, cette dépense, jugée insuffisante, fut portée à 6 livres.

Les terrains obituaires. — Les prêtres de Carmaux avaient recueilli, par donation sous forme d'obits, un certain nombre de terrains fertiles à Fontaniès, à Bois-Redon, à Maravieille et à la Sole. Dans le cours du XVIIe siècle, le chapelain Pierre Calmels, fixé dans le village, possédait à titre obituaire treize terrains placés à Saint-Salvy, à Cantegrel, à Rouffiac, à Cayla et à la Malautié.

La demeure presbytérale du chapelain, obituaire aussi, était placée dans le village.

Tous ces biens furent successivement vendus par les bénéficiaires, de sorte qu'en 1811, aucun d'eux ne figurait sur le nouveau cadastre.

Liste des prêtres de Blaye :

1601—1613, Hugues Ricard.
1613—1634, Nicolas Lebrun.
1634—1645, Nicolas Maillard et Soulzié.
1645—1659, Louis Rouzières.
1659—1682, Jean Fournials, Bousquet, Pradal.
1682—1698, Mader, Durand.
1698—1700, Guize.
1700—1704, Decazhe.
1704—1705, Mazars.
1705—1715, Rigal.
1715—1729, Reynal.
1729—1731, Ajalbert.
1731—1735, Bernard Coste.
1735—1736, Alary.
1736—1737, Ferrier.
1737—1748, Campmas.
1748—1749, Lacassagné et Castel.
1749—1758, Mestre.
1758—1759, Pierre Campmas, inhumé dans l'église de Blaye.
1759—1770, Cavaillé.

1770—1786, Antoine VIDAL, domicilié à Blaye.
1786—1791, Pierre-Clément TEYSSIER', domicilié à Blaye, non conformiste.
1791—1792, BOSC, ANGLÉS, LAGRIFFOUL.
1793—16 janvier 1797, ALMAYRAC, prêtre assermenté.
16 janv. 1797—16 vend. an VII, GUITTARD.
16 vend. an VII—11 vend. 1804, COUDERC.
1804—1818, Francès MARTIAL.
1818—15 avril 1860, Antoine MAUREL.
15 avril 1860—4 juillet 1880, Jacques CALMELS.
4 juillet 1880—15 avril 1889, Joseph LACOMBE.
15 avril 1889—1912, Emile de BARDIÈRE.
1912, Philippe MAILHÉ.

CHAPITRE VIII

Les anciennes mesures. — Mesures de longueur, de surface en général. — Des champs. — Mesures de capacité pour les matières sèches et les liquides. — Mesures de bois de chauffage. — Mesures de poids. — Mesures employées par les administrations royales. — Anciennes monnaies.

ANCIENNES MESURES. — Les diverses mesures employées avant l'établissement du système métrique actuel offraient de grands inconvénients, car elles variaient d'un endroit à un autre et leurs divisions un peu arbitraires ne se prêtaient à aucun calcul rapide. Ainsi, la canne, qui valait $1^{m}787$ à Blaye et à Albi, valait $1^{m}80$ à Castres, $1^{m}76$ à Graulhet, $1^{m}98$ à Montpellier et $1^{m}84$ à Montauban.

MESURES DE LONGUEUR (1). — Canne de Blaye et d'Albi, 5 pieds 6 pouces, soit $1^{m}787$.

Canne de Castres et d'Albi, 5 pieds 6 pouces 6 lignes, soit $1^{m}806$.

Canne de Lavaur et d'Albi, 5 pieds 6 pouces 8 lignes, soit $1^{m}804$.

La canne se divisait en 8 pans, le pan en 8 pouces, le pouce en 8 lignes, la ligne en 8 points.

La perche de Blaye comprenait 18 pans ($4^{m}0199$).

(1) *Annuaires du Tarn*, 1833 et 1913.

La perche d'Albi comprenait 16 pans 1/2, 17 pans et jusqu'à 22 pans 1/2.

MESURES DE SURFACE EN GÉNÉRAL. — La canne carrée de Blaye valait 0^{m} 177 de côté, soit 0^{m2} 313.

La canne carrée de postan de Blaye valait 2^{m} de côté, soit 4^{m2}.

La canne carrée d'Albi valait 3^{m2} 192.

La canne carrée de Toulouse valait 3^{m2} 226.

La canne carrée de Castres valait 2^{m2} 240.

Une perche carrée de 16 pans équivaudrait à 12^{m2} 511.

Une perche carrée de 18 pans équivaudrait à 16^{m2} 159.

MESURES DE SURFACE DES CHAMPS. — Le compoix de l'an 1696 mesure la terre à Blaye en cétérée, perches et en août ou aouso, tandis que celui de 1792 ne parle plus que de cétérées, mesures, journaux, setiers.

La cétérée valait 324 perches ou 52^{a} 35^{ca} 7 ; elle était divisée en 8 mesures de 6^{a} 54^{ca} 5.

La mesure comprenait 4 boisseaux de 1^{a} 63^{ca} 6.

Le boisseau se divisait en pennes ou quarts, 40^{ca} 9.

La mesure de terre à Blaye vaut encore 654^{m2}.

Rapport de la boisselée à la cétérée, 1/32.

MESURES DE CAPACITÉ POUR LES MATIÈRES SÈCHES. — L'unité était le setier, qui valait à Blaye et à Monestiés 8 mesures ou 32 boisseaux, soit 131 litres 2.

A Albi, le setier valait 120^{l} 6.

L'hectolitre par rapport au setier était les 762/1000.

MESURES POUR LES LIQUIDES. — L'unité était la pinte, qui valait à Blaye et à Monestiés 2^{l} 937 ; à Albi, elle valait 1^{l} 902.

Le litre est donc les 34/100 de la pinte.

La pinte se divisait en 2 uchaus (de *itchaous*, mot patois). Celui-ci se divisait en 2 quarts.

Pour l'huile et l'eau-de-vie, l'unité de mesure était la livre, qui équivaudrait à $0^{l}542$.

Mesures de bois de chauffage. — Le bois de chauffage, peu employé à Blaye à cause de la proximité des Mines, était vendu en bûcher à Gaillac et à Mazamet, en canne à Cordes, à Monestiés et à Blaye, en pagelle à Réalmont, en charretée à Puylaurens, en canon à Dourgne, en pile à Vabre.

La canne de Blaye valait.................. $3^{mc}742$
Le bûcher de Gaillac valait................ $3^{mc}619$
La pagelle de Réalmont valait............ $2^{mc}060$
La pile de Vabre valait................... $1^{mc}963$
La charretée de Puylaurens valait......... $1^{mc}718$
Le canon de Dourgne valait............... $1^{mc}033$

La canne de Blaye avait 15 pans de long ou $3^{m}350$, 5 pans de haut ou $1^{m}115$ et 4 pans 1/2 de large ou 1 mètre.

Mesures de poids. — Avant le système métrique, l'ancien poids de marc était en usage dans le département ; il était nommé gros poids.

Le petit poids ou poids de table équivalait à 13 onces 2 gros 48 grains, ou $0^{kg}408$.

Trois petits autres poids étaient en usage :

L'un, de 14 onces 5 gros 54 grains, ou $0^{kg}450$.

L'autre, de 13 onces 3 gros 46 grains, ou $0^{kg}412$.

L'autre, de 13 onces 2 gros, ou $0^{kg}405$.

Le grain valait $0^{gr}053$.

L'once valait $30^{gr}59$.

Le gros valait $3^{gr}82$.

La livre ancienne (poids de marc) valait $0^{kg}4895$.

La livre ancienne (poids de table) usitée à Blaye valait $0^{kg}408$.

Mesures employées par les administrations royales des eaux et forêts. — Toise, 1^{m} 949. Toise carrée, 3^{m2} 7987. Toise cubique, 7^{m3} 40389.

La perche valait 484 pieds carrés ou 13 toises² 44.

L'arpent valait 48,400 pieds carrés ou 1,344 toises² 44.

La perche de Paris valait 324 pieds carrés ou 9 toises carrées.

L'arpent de Paris valait 100 perches de Paris.

Anciennes monnaies. — Les anciennes monnaies n'avaient pas de titre fixe et la quantité de métal fin variait suivant les besoins d'argent. L'*Histoire de France* nous apprend que Philippe le Bel fit fabriquer de la fausse monnaie ayant cours forcé, ce qui ne l'empêcha pas en mourant de recommander à son fils, Louis le Hutin, « de ne faire que de la bonne monnaie ».

Tous les grands seigneurs, au Moyen-Age, avaient le droit de battre monnaie. Cette faculté ne manquait pas de provoquer les fraudes et les altérations : aussi les transactions économiques étaient troublées par ce fâcheux état de choses. La variation perpétuelle du poids et du titre des monnaies ne permettait pas d'évaluation précise. « On n'engageait pas une terre, on ne constituait pas une dot en livres ou en sols ; on stipulait en marcs d'argent fin ou bien, après avoir indiqué une somme, on ajoutait : Si cette monnaie vient à baisser de poids ou de titre, j'entends parler de celle qui a tel rapport avec le marc d'argent. »

L'unité commune des monnaies était la livre d'argent. Sous les Mérovingiens et les Carolingiens, on la fabriquait en argent pur.

Le sou tournois valait à peu près vingt sous d'aujourd'hui. Le gros sou tournois de saint Louis valait 0 fr. 90 et pesait 1 gros 7 grains, soit 4^{gr} 191.

« Les sous melgoriens (1) se fabriquaient à Melgueil, petite ville du Bas-Languedoc ayant appartenu aux comtes de Toulouse et à l'évêque de Maguelonne après la croisade des Albigeois. »

En 1224, la dot de Cécile de Foix fut reconnue en sols de Toulouse, dont la valeur égalait un double, soit 2 fr. 09.

En 1253, Alphonse de Toulouse céda la fabrication de sa monnaie. Dans le bail de cession, il est dit que « les gros sols seront à 6 deniers et 1 obole de loi et pèseront 14 sols 1/2 au marc tournois », ce qui représente une valeur de 2 fr. 03.

L'Albigeois, le Quercy et le Rouergue firent usage de cette monnaie appelée *monnaie raymondine*, frappée à Castelnau de Bonafous (Castelnau-de-Lévis) dans la citadelle que Sicard d'Alaman y avait fait construire.

« Le comte Raymond, son sénéchal Sicard d'Alaman et l'évêque d'Albi se partageaient les bénéfices au début de l'émission des raymondins, mais, après 1278, l'évêque et le roi de France prirent seuls les bénéfices. »

Une autre monnaie fort en usage était la livre tournois (de Tours) de 20 sols.

Celle de Paris (livre parisii) valait 5/4 de la précédente ; celle de Toulouse ou livre Tolza adoptée par notre région valait 20 sols ; le sol, 12 deniers ; le denier, 2 mailles ou oboles ; l'obole, 2 pougeoises ou pites, pictes ou pictavines.

La livre était une monnaie de compte entièrement fictive.

Les principales monnaies d'argent étaient l'écu au soleil et le teston.

(1) *Annuaire du Tarn*, 1833.

Sous Louis XIV, l'écu valait 5 livres 19 sols.

L'écu petit valait 27 sols 6 deniers.

Le teston valait 10 sols.

Le double valait 10 deniers.

Le ducat valait 3 écus du soleil de la monnaie tolza.

Sous la Révolution, le décret du 7 germinal an XI créa des pièces d'argent de 0 fr. 25, de 0 fr. 50, de 0 fr. 75, de 1 franc, de 2 francs et de 5 francs. Il créa aussi les pièces en cuivre de 0 fr. 02, 0 fr. 03 et 0 fr. 05.

Le décret impérial du 12 septembre 1810 fixe la valeur des pièces de la manière suivante :

Or : pièces de 48 livres tournois, 47 fr. 20 ; poids, 15gr 253.

Or : pièces de 24 livres tournois, 23 fr. 55 ; poids, 7gr 611.

Argent : écu de 6 livres tournois, 5 fr. 80 ; poids, 29gr 247.

Argent : écu de 3 livres tournois, 2 fr. 75 ; poids, 13gr 868.

CHAPITRE IX

Histoire économique. — I. Les Chemins : liste des divers chemins. — II. Agriculture : prix des denrées autrefois et aujourd'hui. — III. Industrie : le verre ; l'argile ; la chaux ; la houille : historique, étendue, production, différentes couches, le personnel, sécurité des ouvriers, accidents de travail, société de secours mutuels, caisse de retraite, méthode d'exploitation, les premiers puits : Grillatié, Tronquié, Sainte-Marie, Usines, débouchés, variétés de charbons, sondages.

I. Les chemins. — Plus un pays possède de chemins, plus les transactions sont faciles. C'est par les routes que les hommes communiquent entre eux, que l'aisance et la fortune se répandent, que les produits agricoles s'écoulent. Malgré ces vérités élémentaires, les voies de communications faisaient défaut autrefois et celles qui existaient étaient souvent mal entretenues, pleines d'ornières et de boue pendant la mauvaise saison.

Blaye, qui possède aujourd'hui un réseau très étendu de chemins, n'était pas mieux pourvue de routes que d'autres campagnes.

A part le n° 88, de Lyon à Rodez, les autres chemins étaient souvent dans un état de viabilité peu séduisant.

Des doléances nombreuses étaient envoyées par le conseil général de la communauté à l'ingénieur diocésain des travaux publics.

En 1620 (1), les habitants de notre consulat demandaient instamment la restauration du chemin de Monestiés.

En 1778, une adjudication pour l'entretien des routes de la commune eut lieu à Albi, le 15 mars, en présence de l'ingénieur diocésain et du syndic Salabert. Barnabé Amans, entrepreneur, fit les travaux et reçut 1,067 livres.

En 1785, les routes aboutissant au chemin royal étaient en très mauvais état, ce qui motiva la réunion du conseil général de Blaye, le 7 décembre, pour la rédaction d'une supplique véhémente adressée à l'ingénieur diocésain (2). Comme suite, un état des dépenses nécessaires fut dressé, mais les réparations n'aboutirent pas, car la période révolutionnaire fit oublier les revendications des habitants de Blaye.

Le 16 septembre 1792, une vente de chemins inutiles eut lieu au profit de la communauté ; une seconde se fit en 1876.

Actuellement, la commune dépense annuellement 3,800 francs pour l'entretien des chemins, dont l'énumération suit :

(1) *Archives départementales*, série C, n° 976.
(2) *Archives départementales*.

Numéro	DÉSIGNATION DES CHEMINS		LONGUEUR
3	Grande communication	de Gaillac à Lédergues...........	3.520m
7		de Cordes à Montfranc...........	320
21		de Rivières à Pampelonne........	614
80		de Blaye au Port de la Besse......	1.965
91		de Cordes à Carmaux............	3.088
1	Chemins vicinaux	de Blaye à Sainte-Marie..........	1.422
2		de Côte de Besse................	2.900
3		de Vertuech....................	2.420
4		des Ferratiés à Carmaux..........	75
5		de la Poussière.................	1.050
6		du Trap à Blaye................	550
7		de Gaillargués......	1.331
8		de la Peyrade...................	50
88		Route Nationale.................	2.500

II. Agriculture. — L'industrie houillère laisse peu de bras disponibles pour les travaux champêtres, et les ouvriers exclusivement agricoles sont peu nombreux dans la commune. Cependant, le sol est bien cultivé, car beaucoup de mineurs exploitent un petit champ dont ils sont propriétaires ou qu'ils ont affermé à la Compagnie des Mines.

La main-d'œuvre raréfiée par l'industrie est remplacée par des machines agricoles qui favorisent la rapidité des travaux de la fauchaison, de la moisson et du dépiquage.

Le sol se prête à toutes les cultures et les rendements sont généralement satisfaisants. Cependant, le maïs réussit peu à cause de la sécheresse parfois excessive de l'été ; la vigne donne par endroits de bons résultats, mais le climat un peu froid nuit à la qualité du vin, qui ne saurait rivaliser avec celui du Gaillacois. Les prairies surtout réussissent dans les bas-fonds nombreux où l'humidité printanière entretient une bonne et unique coupe de foin.

Quoique assez bonnes, les différentes récoltes sont insuffisantes pour l'alimentation de la population, qui cherche sur les marchés de Carmaux les denrées qui manquent.

Dans la commune, la surface du sol est ainsi utilisée :

Terres labourables (céréales, pommes de terre, betteraves)	538ha	53a	08
Prés naturels	70	53	78
Landes et pacages	72	47	17
Vignes	18	27	53
Bois	74	78	30
Jardins	14	83	12
Sols de maisons	33	16	73
Chantiers	6	94	69
Carrières	20	54	33
Chemins	25	75	80
Chemin de fer	8	15	47
Total	884ha		

Les céréales occupent seules quatre-vingt-douze hectares ; le rendement moyen du blé est de treize hectolitres par hectare, tandis que celui du maïs est de seize hectolitres.

Etat estimatif des denrées, volailles et autres objets de redevance dressé par la mairie d'Albi.

Désignation des objets	Année 1790	Année 1865	Désignation des objets	Année 1790	Année 1865
Une oie..........	1l 10	5f »	Un kilog. de beurre...	20 sols	2f 20
Un dindon.......	1l 5	3 75	Un kilog. de fromage..	12 sols	1 40
Un chapon.......	1l	2 50	Un kilog. de miel.....	1l	1 30
Une poule........	12 sols	1 50	Un kilog. de poivre...	1l 4	2 50
Un canard.	12 sols	2 »	Un kg. de chand. suif.	1l 4	1 60
Un pigeon.	3 sols	» 50	100 kilog. de prunes...	8l	18 »
Une perdrix.	10 sols	1 20	— — vendange.	5l	13 »
Une bécasse.	16 sols	2 »	Un hectolitre de vin..	6l	20 »
Une caille........	3 sols	» 60	Un décalitre de noix..	1l	4 30
Un lièvre.	1l 10	4 »	— — de chât..	16 sols	1 »
Un lapin.........	10 sols	1 25	Un bouquet de roses..	2 sols	0 10
Un chevreau.....	2l	4 »	Une journée d'ouvrier.	1l	2 »
			— de cultivateur..	12 sols	1 20
Un agneau.	2l 10	4 50	— de femme......	6 sols	1 »
Un cochon de lait.	3l	7 »	— de cheval......	1l 5	3 50
Un cent d'œufs...	2l	5 »	— de bœufs av. bouv.	2l	7 »
Un kg. de poisson.	4 sols	1 20	— de mineur-piqueur	1l 5	2 »
Un kg. d'anguille.	8 sols	2 »	— de chaufournier...	1l 10	1 75

III. Industrie. — *Le verre.* — Pour augmenter la consommation de la houille et donner plus d'importance aux Mines de Carmaux, le marquis de Solages eut l'idée d'établir, à côté de son château et sur le territoire de la commune de Blaye, une importante verrerie.

Ce fut le 12 septembre 1752 que la verrerie royale fut créée ; sa mise en exploitation eut lieu le 22 avril 1754. Cette création fut approuvée par les Etats du Languedoc en 1756. Non seulement cette usine devait fabriquer des bouteilles, mais elle devait s'adjoindre une manufacture de glaces, et dans ce but des verriers de Bohême et de Saxe vinrent s'établir à Blaye. Pour des causes inconnues, cette idée fut vite abandonnée et seule la fabrication des bouteilles retint l'attention du propriétaire.

Les premiers verriers employés étaient originaires de la Champagne ; ils furent installés avec leurs familles à côté de l'usine et du château, dénommé à partir de ce moment « Château de la Verrerie ».

L'emplacement de la nouvelle usine était bien choisi, car les matières premières : houille, calcaire et sable, étant sur les lieux, permettaient de fabriquer des bouteilles de tous modèles à des prix défiant la concurrence.

En 1756, la verrerie était prospère et déjà la production annuelle arrivait à 280,000 bouteilles. Une tentative de fabrication de verre à vitre, façon Bohême, fut vite abandonnée. La verrerie eut des moments difficiles et les bénéfices furent parfois très modestes.

En 1817, l'usine demeura six mois en chômage et M. de Solages constatait que la verrerie n'était point d'un grand rapport pour lui (1) « et qu'il ne la faisait travailler que pour consommer son charbon et donner à vivre à nombre d'ouvriers qui n'avaient point d'autre état et qui seraient dans l'absolue nécessité s'ils n'étaient occupés à la fabrication des bouteilles ».

(1) Délibération du conseil municipal de Blaye de 1817, M. de Solages maire.

D'après un document des archives de l'église Saint-Privat de Carmaux, l'inauguration eut lieu en grande pompe :

« Le 22 avril 1754, à 10 heures du matin, M. Pezet, bachelier en l'un et l'autre droit, curé de Carmaux et de ses annexes, s'est transporté avec son vicaire soussigné et le maître des écoles du présent lieu, prêtre au lieu des Charbonnières dites de Montalbeau, pour y bénir les charbonnières et machines et le bâtiment de la verrerie, étant, depuis avant-hier 20 courant, entièrement construite sur le terrain appelé le Ponchon, situé sur la terre de Blaye, au nom et par les soins de messire le chevalier de Solages, capitaine dans le régiment des carabiniers.

« La cérémonie a été faite ainsi que s'ensuit : M. le curé, revêtu du surplis, de l'étole et chappe violette, et autres deux prêtres en surplis, précédés de la croix levée, on a commencé de chanter au fond du degré du bâtiment de la verrerie le *Veni creator* et on a fait le tour du dit bâtiment en dehors en continuant de chanter le dit hymne. De retour devant la porte maîtresse du bâtiment, le curé a fait la bénédiction de tout le corps du bâtiment. Cela fait, on est monté dans l'intérieur de la verrerie et on a fait le tour du four aussi processionnellement en chantant le psaume *Nisi Dominus œdificaverit domum*, et, arrivés à la maîtresse embouchure du four, le dit curé a béni le four et allumé lui-même avec son flambeau le feu dans le dit four pendant que les deux prêtres chantaient ce strophe de l'hymne *Veni creator spiritus, accende lumen sensibus*... etc., et puis on a chanté le *Te Deum*. De là, on est descendu de la verrerie pour aller bénir la maison qui est presque attenant la verrerie du côté du levant où doivent loger les ouvriers de la dite verrerie. A laquelle cérémonie ont assisté le susdit noble chevalier de Solages, dame son épouse, les deux messieurs fils à messire de Solages, de Carmaux, marquis, et plusieurs autres personnes de Carmaux.

« Le lendemain 23 du courant, à dix heures du matin, nous avons chanté une messe solennelle pour demander la bénédiction du ciel sur cet ouvrage, à laquelle ont très pieusement assisté les susdits chevalier de Solages, dame son épouse, les jeunes Messieurs fils à M. le marquis de Carmaux, et tous les ouvriers de la verrerie et charbonnière du dit noble chevalier de Solages.

« *Omnia sint ad majorem Dei gloriam.*

« Salvayre, prêtre-vicaire ; le chevalier de Solages ; Rolland, prêtre ; marquis de Bauchamp de Solages ; le marquis de Solages, ont signé. »

Cette verrerie n'existe plus aujourd'hui ; elle a été remplacée en 1862 par la verrerie Sainte-Clotilde de Carmaux.

Fabrication des bouteilles. — Au début, la fusion des matières se faisait dans un unique four à pots ; le travail durait douze heures environ et se terminait chaque fois par l'épuisement de la matière fondue. Puis une nouvelle fusion s'opérait et le travail recommençait dès que le verre était fondu.

Lorsque le magasin était plein de bouteilles, le four s'éteignait pour ne reprendre son activité qu'après la vente du stock fabriqué : c'était le travail par *campagnes.*

Avec la nouvelle verrerie, le travail changea et devint plus régulier et plus rémunérateur : les *fours morts* devinrent moins fréquents.

Des progrès marqués eurent lieu bientôt dans l'industrie verrière et les fours à pots furent remplacés par des fours à bassins dans lesquels la matière enfournée par une extrémité, d'une façon continue, produisait du verre sans interruption permettant d'éviter le chômage.

En 1884, la verrerie de Carmaux se constitua en Société anonyme ; des innovations heureuses furent encore réalisées et l'installation d'un gazogène permit de chauffer les fours au gaz.

La température ainsi produite atteignit 1,400 et 1,500 degrés et, la fusion des calcaires, des argiles, des sables et des sels alcalins se faisant dans de bonnes conditions, le travail devint plus facile.

En 1913, la verrerie comprenait huit fours ; elle occupait 1,000 ouvriers environ, produisant annuellement 25 millions de bouteilles.

Chaque four comporte plusieurs places, à chacune desquelles sont employés : un gamin, un grand garçon, un souffleur et un porteur.

Au moyen d'une canne creuse d'acier, le *gamin* cueille le verre en fusion par les *ouvreaux*, il souffle un peu et passe la bouteille commencée au *grand garçon* qui fait la *paraison ;* enfin, la bouteille est remise au *souffleur*, qui la finit et la donne au *porteur* pour être déposée dans un four où elle recuit en refroidissant lentement dans la *ferrasse*. On obtient ainsi la bouteille à la main, mais, depuis 1901, un procédé mécanique « système Boucher » produit la bouteille à la machine et supprime un certain nombre d'ouvriers.

Des ateliers annexes pour le gravage au sable des bouteilles, pour le bâtissage et le clissage des bonbonnes, des grosses bouteilles et des gourdes occupent un personnel féminin assez nombreux.

Dans la fabrication des bouteilles à la main :

La journée du gamin ressort à 4 fr. 50.

Celle du grand garçon, à 6 francs.

Celle du souffleur, à 9 et 10 francs.

Celle du porteur, à 2 francs.

Dans la fabrication des bouteilles à la machine :

La journée du cueilleur ressort à 7 francs.

Celle du mouleur, à 6 francs.

Celle du porteur, à 2 francs.

Les souffleurs de bonbonnes gagnent aisément 18 francs par jour ; les bouteilles de rebut ne sont pas payées.

Un bon ouvrier fabrique facilement 600 bouteilles par jour. Le métier de verrier est fort pénible, mais il est assez rémunérateur.

Depuis quelque temps, l'industrie du verre semble diminuer à Carmaux, car le nouveau centre de production est dirigé à Bordeaux ; déjà deux fours sont éteints et ne doivent plus se rallumer.

La commune de Blaye compte quarante familles de verriers environ.

L'argile. — Les environs du village de Blaye, du sud à l'est, sont composés de terrains nettement argileux. L'argile presque pure émergeant du sol est exploitée dans trois carrières dans des conditions faciles et peu coûteuses. Elles alimentent depuis quarante ans environ les briqueteries de l'Ecuelle, de Sainte-Cécile et du Camp-Grand.

Les carrières donnent une argile rougeâtre de bonne qualité convenant parfaitement à la fabrication des briques ordinaires, des tuiles et des barottes pressées. Elles constituent une précieuse ressource pour les maçons et les entrepreneurs régionaux qui viennent s'approvisionner à Carmaux.

Cette industrie occupe une cinquantaine d'ouvriers des deux sexes et contribue à la prospérité de la région carmausine.

Les trois briqueteries sont alimentées par deux fours, chacun produisant cinq mois de l'année et chauffés à la houille ; ils peuvent contenir jusqu'à quatre mille briques. C'est pendant la mauvaise saison que l'argile est prise de la carrière et transportée de Blaye à Carmaux. Le travail du moulage et de la cuisson a lieu en été.

La chaux. — L'industrie de la chaux grasse à Blaye date du milieu du XVIIIe siècle. On attribue à un verrier champenois l'idée d'utiliser la chaux pour l'amendement des terres. Les premiers fours de la région furent ouverts à côté de l'ancien château féodal de la Feuillée et au haut de la côte de Monestiés. D'autres ne tardèrent pas à être exploités dans le village, mais les plus importants s'établirent à la Guignerette, qui est demeurée le principal centre de production.

Sous la Révolution, deux fours seulement, des frères Béral, existaient ; mais l'industrie de la chaux se développa tout à coup par suite de la création de la Compagnie « Thalamas-Chassinet et Paliès », qui mit en exploitation, en 1840, un groupe de dix fours jumeaux.

La vente de la chaux étant rémunératrice suscita des concurrents et bientôt cette industrie devint prospère. Les premiers fours avaient un faible volume ; leur hauteur était de 4^{m}50 environ et le diamètre supérieur n'excédait pas 1^{m}50. La production journalière ne dépassait pas deux mètres cubes par four et le chauffage se faisait avec du charbon schisteux de mauvaise qualité.

La chaux se vendait alors cinq francs le mètre cube et les chaufourniers recevaient 1 fr. 50 et 2 francs par journée.

Actuellement, les carrières de la Guignerette sont les seules qui existent. Les plus importantes appartiennent à la Compagnie Thalamas et à MM. Roumégas, Mouysset et Bellières.

Depuis l'ouverture de la voie ferrée de Carmaux à Rodez, l'industrie de la chaux est devenue importante ; vingt-sept fours sont en activité et cinquante chaufourniers environ sont occupés dans les chantiers de la Guignerette.

Les nouveaux fours ont un volume plus grand que les anciens ; leur hauteur atteint 7 mètres, le diamètre supérieur a 1m 90 et le médian 3 mètres.

La production journalière moyenne est de 6 mètres cubes par four et la chaufferie se fait avec du charbon schisteux de bonne qualité, ce qui précipite la cuisson.

La production de la chaux ne dure pas toute l'année. Elle comprend deux saisons pendant lesquelles la fabrication est intensivement menée : la première a lieu du 15 février au 15 mai ; la seconde se fait du 1er septembre au 15 novembre de chaque année. Le mois de mars est l'époque où la production est le plus intensive.

Le prix de la chaux a sensiblement augmenté. Le mètre cube se vend 13 francs et les cendres de chaux employées dans le pays pour remplacer le mortier des constructions se vend 2 francs le mètre cube.

Les chaufourniers gagnent 3 fr. 50 et 4 francs par jour.

Fabrication. — Le four coulant est allumé avec du bois qui enflamme une bonne couche de houille ; quatre ou cinq jours sont nécessaires pour obtenir la cuisson parfaite de la première chaux. La pierre calcaire ou carbonate de chaux et le combustible sont déposés dans le four par couches alternatives. La cuisson est continue et le four se recharge par le haut, sans arrêt, jusqu'à l'extinction, qui a lieu en fin de saison. L'extraction de la chaux se fait par le bas des fours en remuant les grilles à l'aide d'un crochet de fer.

La pierre calcaire subit un déchet appréciable en cuisant. On a remarqué que 3mc440 de pierre ne donnent guère que 2mc250 de chaux. Le charbon schisteux employé est approximativement le tiers de la pierre calcaire.

Usages et débouchés. — La chaux de Blaye est très blanche et d'une grande pureté ; elle sert à la construction des maisons de la contrée, mais c'est surtout en agriculture qu'elle trouve un important emploi pour le chaulage des champs aveyronnais comme aussi pour le sulfatage et le soufrage des vignes.

Depuis la construction de la voie ferrée qui va sur Rodez, de nombreux wagons de chaux sont journellement expédiés dans les gares de Tanus, Naucelle, Carcenac-Peyralès, Primaube et Rodez. La production annuelle est de 8,000 tonnes environ.

La pierre calcaire de la Guignerette sert aussi pour la fabrication du verre à l'usine de Carmaux.

La houille. — L'exploitation de la houille à Carmaux remonte à l'année 1247. Un acte conservé dans les archives de la mairie d'Albi, remontant au XIIIe siècle, nous apprend que le charbon de pierre de Carmaux arrivait à Albi par *saoumados* et devait payer un droit de péage au passage du pont.

L'exploitation fut libre pendant 500 ans environ et la production fort minime ne donna pendant ce temps que

509,000 tonnes de houille. On se bornait au début à extraire quelques paniers de *carbou de peyro* de caves ou trous peu profonds pratiqués sur le bord du Cérou. Les puits de forage, relativement peu nombreux, n'atteignaient qu'une profondeur de 50 mètres et s'arrêtaient aux premières couches de houille dans un rayon de 100 mètres aux alentours.

En 1747, des ordonnances royales accordèrent par « privilège temporaire » l'exploitation à M. A.-P. de Solages, marquis de Carmaux, en récompense de services rendus. La concession devait s'étendre dans un rayon d'une lieue à l'entour de son château de Blaye.

Cinq ans plus tard, un arrêt du conseil du roi, prorogé en 1767 et 1782, octroie la concession « temporaire et transmissible » à M. le chevalier Gabriel de Solages.

Mais, en 1793-1794, le comité de Salut public prend l'exploitation en régie.

La production annuelle est alors de 12,000 tonnes environ.

Sous le Consulat, un arrêté du 27 pluviôse an IX, rendu en vertu de la loi du 28 juillet 1791, confirme la concession à M. F.-G. de Solages. Enfin, aux termes de l'article 51 de la loi organique des mines du 21 avril 1810, la concession devient perpétuelle.

L'exploitation se fait alors sous la raison sociale : « *Entreprise des Mines et de la Verrerie de Carmaux, de Solages père et fils.* »

Dès 1837, quatre puits sont en service : les Acacias, le nouveau Castillan, le Ravin et la Grillatié ; 300 ouvriers travaillent aux Mines et la production annuelle est de 30,000 tonnes.

En 1850, des progrès importants sont réalisés et le nombre des ouvriers est de 550 ; la production annuelle est de 60,000 tonnes.

Six ans plus tard, la Société des Mines se forme en commandite sous le nom de : « *Compagnie des houillères et Chemin de fer de Carmaux-Toulouse* »; son capital est de 17,400,000 francs, divisé en actions de 500 francs.

En 1860, elle s'intitule : « *Compagnie des Mines et Chemin de fer de Carmaux, Société anonyme* », et enfin, en 1865, elle prend le titre définitif qu'elle possède encore : « *Société des Mines de Carmaux.* »

La présidence du Conseil d'administration des Mines appartient actuellement à M. le Marquis Ludovic de Solages, principal actionnaire de cette Compagnie.

Etendue. — La concession des Mines s'étend sur une surface de 88,000 hectares ; elle fait partie de l'arrondissement minéralogique de Toulouse et comprend les territoires des communes de Blaye, Carmaux, le Garric, Labastide-Gabausse, Taïx, Saint-Benoît, Combefa, Monestiés, Trévien, Sainte-Gemme. Elle est limitée par une suite de lignes droites joignant Trévien, le Masvert, le Moulin-Bas, Pouzounac, la Guimerie, Saint-Jean le Froid, le confluent du Céret dans le Cérou et Trévien, point de départ.

Différentes couches. — Les Mines de Carmaux comprennent six couches de charbon désignées par les premières lettres de l'alphabet. Voici, d'après M. Laromiguière, la description succincte de chacune d'elles :

Veine A	Charbon schisteux...........	1ᵐ20
	Schistes....................	2ᵐ
	Très bon charbon............	2ᵐ50
	Schistes, grès et poudingues...	10 à 12ᵐ

Veine B	Bon charbon.................	1m
	Schistes......................	0m 30
	Bon charbon..................	1m
	Schistes et grès	30 à 35m
Veine C	Bon charbon	0m 80
	Schistes	0m 40
	Bon charbon..................	2m 40
	Schistes et grès	30m
Veine double D	Bon charbon..........	0m 80
	Schistes	0m 20
	Bon charbon.................	1m 70
	Entre deux charbons schisteux	2m
Veine F	Bon charbon..................	2m 80
	Schistes, grès et poudingues..	25m
Veine E	Très bon charbon............	2m 80

A la suite des travaux de Sainte-Marie, quatre nouvelles couches désignées par les lettres G, H, I, J, d'une grande puissance, ont été découvertes. La hauteur totale du charbon est de 30 mètres environ ; les couches régulières sont inclinées de 15° ; elles ont généralement le grès pour mur et le schiste pour toit.

Tous ces charbons sont de bonne qualité et conviennent au chauffage, à la fabrication du gaz d'éclairage, du coke et au traitement du minerai de fer ; ils sont très appréciés dans les travaux de maréchalerie.

A l'analyse ils donnent :

Coke................................	64 %
Matières volatiles..................	28 %
Cendres............................	8 %

Production. — La production est en augmentation sensible tous les ans ; de 120,000 tonnes en 1865, elle est actuellement de 600,000. Le graphique suivant montre les variations croissantes de cette production :

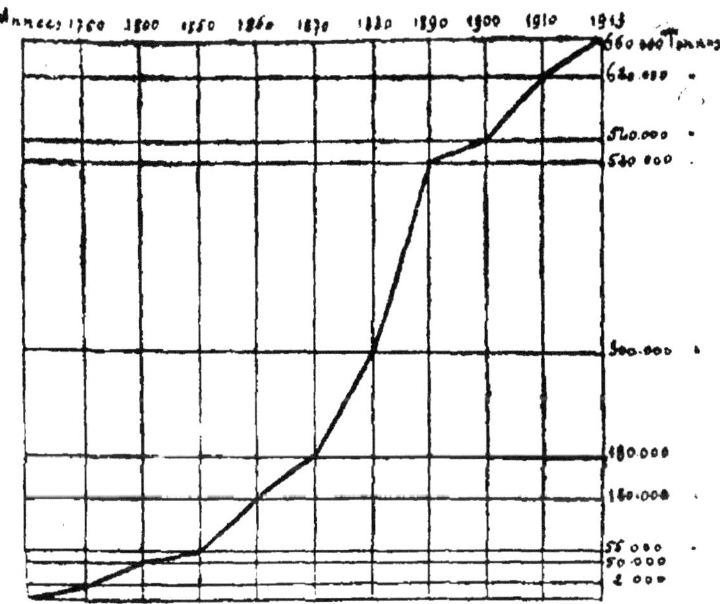

Le personnel. — En 1752 (1), la Mine de Carmaux était exploitée par 12 mineurs qui faisaient 32 entrées par mois, payées à raison de 27 sous l'une, y compris le vin. En plus, il y avait :

20 ouvriers du pays, gagnant 17 sous par jour, y compris le vin.

1 charpentier flamand, gagnant 60 livres par mois.

1 inspecteur des travaux, gagnant 6 livres par jour et une barrique de charbon.

4 valets, à 15 sous par jour, pour le pansage des chevaux.

12 chevaux coûtant 1 livre 5 sous par jour d'entretien.

12 câbles, servant à l'enlèvement du charbon, ayant 75 tours et coûtant 300 livres.

(1) *Revue du Tarn.*

On usait 12 chandelles par jour de 8 sous la livre.

La dépense du bois était de 6 livres par jour.

Les mesureurs de charbon gagnaient 250 livres par an.

Le receveur et le garde-magasin, à Albi, gagnaient 150 livres par an.

Le caissier et le receveur de l'entreprise avaient 1,200 livres par an.

Aujourd'hui, la Mine de Carmaux emploie 3,500 personnes environ, divisées en employés, ouvriers du fond et ouvriers de l'extérieur.

Ouvriers de l'intérieur :

Encageur : chargé d'encager dans la mine les hommes et les wagonnets.................... 3 fr. 60

Moulineur : fait le même travail que le précédent à l'extérieur........................ 3 fr. 60

Conducteur : dirige les convois de wagonnets tirés par des chevaux. 2 fr. 50, 3 fr., 2 fr. 25, suivant l'âge.

Rouleur : dessert les chantiers et conduit les wagonnets à la galerie principale ou dans les chantiers.......................... 3 fr. 50

Piqueur : arrache le charbon.... 5 fr. 50 et 6 fr.

Boiseur : répare les galeries...... 5 fr. 50 et 6 fr.

Palefrenier : chargé de l'entretien des chevaux de la Mine.......................... 3 fr. 50 et 5 fr.

Poseur-voie : pose les rails dans les nouveaux chantiers, dans les galeries.................. 5 fr. »

Boutefeu : distribue les explosifs, fait partir les coups de mine.............................. 5 fr. »

Mineur : creuse les puits et les galeries dans le roc.............................. 6 fr. et 7 fr.

Ouvriers de l'extérieur :

Verseur : verse le charbon dans les grilles. 3 fr. 50

Trieur : enlève les pierres schisteuses; hommes, 3 fr. 10; enfants, 1 fr. 70.

Rouleur : forme les trains de charbon.... 3 fr. 50

Peseur : pèse les wagons vides et pleins. 130 fr. p. mois.

Terrassier : remplit les wagonnets de terre pour le remblayage........................ 4 fr. par jour.

Employés :

Président du Conseil d'administration. 30.000 fr. p. an.

Directeur ordinaire................... 18.000

Ingénieur divisionnaire.............. 4.800

Géomètre............................. 2.200

Maître-mineur : surveille l'exploitation dans l'intérieur et donne les prix faits....... 230 fr. p. mois.

Porion : surveille les ouvriers, pointe les présences........................ 150 fr. p. mois.

Chauffeur de machine, par jour.......... 3 fr. 50

Machiniste : conduit la machine, par jour. 5 fr. »

Prime annuelle. — Indépendamment du personnel déjà nommé, la direction des Mines occupe un certain nombre d'employés, comptables, dessinateurs et ouvriers d'art, au salaire variable. Elle occupe même un personnel féminin pour l'entretien des lampes des ouvriers et pour la fabrication du coke.

En plus des traitements et salaires dont il est déjà parlé, le personnel de la Mine reçoit tous les ans une prime supplémentaire calculée sur les bénéfices; en 1913, elle a été de 33 % de la journée type. En outre, les mineurs chefs de ménage reçoivent gratuitement 45 quintaux métriques de charbon tout-venant pour le chauffage annuel; les employés en ont une quantité supérieure.

Sécurité des ouvriers mineurs. — Un délégué mineur est nommé à l'élection tous les trois ans dans chaque puits; son rôle est de surveiller l'entretien matériel de la mine et de veiller à la sécurité des ouvriers mineurs; il est payé par l'Etat. S'il ne pouvait momentanément remplir son emploi, il serait remplacé par le délégué mineur suppléant.

Accidents du travail. — Les accidents du travail sont assez nombreux dans la mine cependant bien entretenue; des précautions très minutieuses sont prises par la direction pour les éviter. Leur nombre est variable, mais, depuis quelque temps, un millier d'accidents, peu graves, il est vrai, sont enregistrés tous les ans par la mairie de Blaye.

D'après les observations faites depuis une dizaine d'années, on peut admettre trois accidents mortels par an.

Les cas les plus nombreux sont attribués à des causes fortuites, mais les éboulements, les chutes des ouvriers, les glissements de petits blocs de charbon provoquent la majorité des accidents.

C'est la loi du 9 avril 1898 qui régit les droits des mineurs et des Compagnies des Mines en matière d'accidents.

Société de secours mutuels. — Les mineurs font obligatoirement partie de la Caisse de secours mutuels qui les concerne et une retenue d'un pour cent est faite sur leur salaire. Les avantages de cette Société sont importants : en cas de maladie, le médecin et les remèdes sont gratuits pour toute la famille. Cet avantage disparaît pour les enfants dès l'âge de 16 ans.

En outre, l'ouvrier malade reçoit pendant sa maladie

une indemnité journalière de 2 francs augmentée de 0 fr. 15 pour chacun de ses enfants ayant moins de 13 ans. En cas de maladie permanente, il est attribué un secours annuel variable suivant la position de fortune et les charges de famille du malade.

Caisse de retraites. — L'ouvrier mineur verse aussi pour sa retraite; dans ce but, il subit une retenue d'un pour cent; de son côté, la Mine verse pour lui deux pour cent. Ces versements sont opérés trimestriellement à la Caisse nationale des retraites pour la vieillesse au compte personnel de chaque ouvrier. L'âge de la retraite est 55 ans; la loi nouvelle du 25 février 1914 constitue une Caisse autonome des ouvriers mineurs et améliore sensiblement le sort des retraités, dont la journée de repos pourra atteindre 2 francs.

Gisement et méthode d'exploitation. — Le gisement houiller carmausin comprend, comme on l'a déjà vu, sept couches d'une épaisseur variant de deux à trois mètres. Au puits de Sainte-Marie, le plus récent, on a reconnu quatre couches importantes de charbon.

« La méthode d'exploitation est celle des fronts montants avec remblais complets. La largeur des fronts varie de 50 à 150 mètres suivant l'espace des failles. Les piliers sont déhouillés par des couples de piqueurs espacés de dix mètres; ceux-ci procèdent par petites tailles chassantes de $2^{m}50$ de large. Quand toute la largeur du front est dépilée, on ripe la voie de $2^{m}50$ et l'on remblaie la bande déhouillée. »

Les wagonnets contiennent 5 hectolitres de charbon. Chaque puits possède une carrière de remblai à proximité dans le tertiaire. Pour le criblage facile de la houille et le remplissage des grands wagons, une artère en contre-bas est ménagée sur chaque plateau d'exploitation.

Les premiers puits importants. — Les premiers travaux réguliers furent faits au puits des Flamands ou de Montalbeau vers 1749. Depuis cette époque, huit puits ont été creusés précédant le ravin n° 1, le Castillan, Sainte-Barbe et le ravin n° 2, abandonné à cause des eaux envahissant le chantier et provenant sans doute des infiltrations du Cérou très voisin.

Un incendie du 27 octobre 1819 consuma les hangars et charpentes servant à l'extraction de la houille et des eaux de la mine du Coteau, située dans la commune de Blaye ; à cette occasion, le ministère de l'intérieur alloua 1,000 francs pour être répartis entre les ouvriers les plus zélés à l'extinction de cet incendie.

Puits de la Grillatié. — L'ouverture de ce puits date de 1837. Sa production journalière est de 900 tonnes et le nombre de ses ouvriers de 1,200.

Ce siège comprend deux puits d'un diamètre de 3^{m} 50 et 2^{m} 70; l'aérage artificiel se fait à l'aide de ventilateurs Guibal de 9 centimètres de diamètre actionnés électriquement; ils ont un débit de 45 mètres cubes d'air à la seconde.

Les machines d'extraction, qu'on est en train de transformer et de remplacer par des machines électriques, sont horizontales : l'une à soupapes de 220 chevaux, l'autre à tiroirs de 120 chevaux de force.

Les wagonnets de remblai ou vides sont descendus par une galerie à pente douce dont l'entrée est placée à l'Endrévié, tout près du chemin de la Poussière.

L'épuisement des eaux d'infiltration est fait par une

pompe électrique. Un compresseur d'air actionne les appareils de perforation et de lavage mécaniques.

Puits de la Tronquié. — Ce puits, commencé en 1878, fut exploité en 1884; il produit journellement 600 tonnes de houille et occupe 880 ouvriers. C'est le seul puits du bassin où la présence du grisou ait été constatée; aussi les ouvriers sont-ils munis de lampes de sûreté Humphry Davy à fermeture magnétique.

Le puits d'entrée d'air a 3^{m} 50 de diamètre; il prend les charbons à la côte de 425 mètres; les cages, à triple étage, sont accrochées à des câbles plats d'aloès d'une force à toute épreuve et munies d'un parachute à griffes.

Depuis un an, les machines à chaudières ont été supprimées et le service des puits se fait électriquement. Le puits de retour d'air a aussi 3^{m} 50 de diamètre; il descend les wagonnets vides et les remblais.

L'aérage a lieu, comme à la Grillatié, par un ventilateur Guibal débitant 35 mètres cubes à la seconde.

L'épuisement des eaux a lieu au moyen de bennes; c'est le puits le plus profond du bassin, car les couches carbonifères vont jusqu'à 500 mètres de profondeur.

Puits de Sainte-Marie. — Commencé en 1895, ce puits possède tous les perfectionnements modernes; son exploitation date de 1897; sa production journalière est de 700 tonnes et le nombre de ses ouvriers de 800.

Le puits d'extraction a un diamètre de 4^{m} 10 et remonte la houille de 190 mètres de profondeur. Celui de retour d'air a 3^{m} 60 de diamètre; les cages en service sont à deux étages et munies d'un parachute à griffes; le guidage est fait avec des longuerines de chêne.

L'aérage est obtenu avec un ventilateur Gineste-

Herscher fonctionnant électriquement et débitant 40 mètres cubes d'air à la seconde ; l'épuisement des eaux se fait avec une pompe triplex électrique.

La machinerie est à vapeur et la batterie des chaudières comprend huit générateurs à bouilleur unique.

Les trois puits sont dans la commune de Blaye; ils sont pourvus d'un vestiaire abondamment alimenté d'eau chaude et froide pour permettre aux ouvriers de faire commodément leur toilette après le travail.

Les usines des agglomérés. — Ces usines sont placées sur le territoire de Saint-Benoît; elles comprennent les lavoirs, l'atelier d'agglomération et les fours à coke. Des perfectionnements continus y sont apportés et leur extension devient de plus en plus considérable.

Les lavoirs anciens traitent 800 tonnes de houille par jour, mais l'atelier qui se construit pourra recevoir 18,000 tonnes de charbon en vingt-quatre heures. « Il comprendra un trommel classeur, des bacs à piston pour les grains de 6 à 40 millimètres et des bacs à felzpath pour les fines de 0 à 6 millimètres. Des trémies d'égouttage et d'approvisionnement pour 2,700 tonnes de charbon au total occupent la partie basse de la construction. Des caisses pointues pour schlamms compléteront l'installation. Trois moteurs électriques de 320 chevaux de force totale actionneront les transmissions et les pompes. »

L'atelier d'agglomérés comprend quatre presses; trois d'entre elles débitent à l'heure 7 tonnes de briquettes de 3, 4 et 5 kgr.; la dernière fabrique des briquettes de 10 kgr. à raison de 10 tonnes à l'heure.

Une presse nouvelle installée depuis quelques années

débite des ovoïdes très employés dans les combustions domestiques.

La batterie à coque comprend 114 fours système belge fonctionnant électriquement. Les fours marchent quarante-huit heures et donnent chacun quatre tonnes de coke.

Les flammes, jadis perdues, sont aujourd'hui utilisées pour chauffer des chaudières Belleville placées sur les fours alimentant les groupes électrogènes, les malaxeurs et le compresseur qui fabriquent les briquettes et les ovoïdes.

Station centrale d'électricité. — La Mine produit elle-même l'électricité pour les besoins de son industrie; des bâtiments spacieux sont en ce moment en construction à côté des magasins. L'électricité est employée soit comme force motrice, soit comme éclairage.

Ateliers et magasins. — Les Mines de Carmaux possèdent d'immenses ateliers pour le travail du fer, du bois et pour toutes les réparations nécessitées par la bonne tenue du matériel qu'elle emploie.

Débouchés. — Les charbons de Carmaux sont vendus surtout dans le midi de la France et en Espagne. La région de vente pourrait être limitée par une ligne droite partant de Châtellerault et aboutissant à Toulon. La région d'action serait au sud de cette ligne.

Des dépôts de charbon existent à Albi, à Toulouse, à Montpellier. La verrerie de Carmaux, créée d'ailleurs dans ce but, consomme une grande quantité de houille, de même que les usines métallurgiques du Saut-du-Tarn, à Saint-Juéry.

Variété et prix du charbon. — La qualité du charbon provient de sa grosseur et de sa pureté.

DÉNOMINATION	PRIX de la TONNE	DÉNOMINATION	PRIX de la TONNE
Grêle	24f »	Roche	28f »
Gaillette	26 »	Briquette	30 »
Braisette	20 »	Coke métallurgique	32 »
Noisette	24 »	Coke concassé	28 »

Sondages. — La Mine se livre à des études du terrain compris dans ses concessions ; voici les résultats des différents sondages pratiqués depuis 1890 (M. Laromiguière, ingénieur des Mines) :

Sondage	Terrain	Épaisseur	Total
Sondage de Saint-Marcel 1890	Tertiaire	10m	500 mèt.
	Permien	320	
	Houiller stérile	145	
	Amphibolite	25	
Sondage de Valarens 1891	Tertiaire	40m	200 mèt.
	Houiller stérile	110	
	Amphibolite	50	
Sondage de Pommiés 1901	Tertiaire	100m	271 mèt.
	Permien	40	
	Houiller	110	
	Amphibolite	21	

Sondage	Couches	Épaisseur	Total
Sondage de Cagoloup 1902	Tertiaire	130m	244 mèt.
	Permien	5	
	Houiller avec couche charbon de 4m rencontré à 150m de profondeur	95	
	Amphibolite	14	
Sondage de Rives 1903	Tertiaire	126m	226 mèt.
	Permien	10	
	Houiller stérile	88	
	Amphibolite	2	
Sondage de la Gaché 1904	Tertiaire	140m	292 mèt.
	Houiller avec couche charbon de 3m70 à 205m de profondeur	136	
	Amphibolite	16	
Sondage de la Vigarié 1904	Tertiaire	140m	233 mèt.
	Houiller avec couche charbon de 3m50 à 180m de profondeur	73	
	Amphibolite	20	
Sondage de Marsal 1905	Tertiaire	85m	245 mèt.
	Houiller stérile	90	
	Amphibolite	70	
Sondage de Colombié 1905	Tertiaire	80m	202 mèt.
	Houiller stérile	110	
	Amphibolite	12	

Sondage de Lespinasse 1905	Tertiaire	80m	140 mèt.
	Houiller stérile	50	
	Amphibolite	10	

Sondage de Livers 1905	Tertiaire	70m	503 mèt.
	Permien	170	
	Houiller stérile	159	
	Amphibolite	104	

CHAPITRE X

Histoire sociale : I. Etat civil : Mouvement de la population ; Mortalité ; Population dans les divers centres ; Dénombrement de 1911. — II. Instruction primaire : Liste des instituteurs et institutrices ; Ecoles de la commune ; Sociétés scolaires de tir ; Caisse d'épargne scolaire ; Bibliothèque.

I. ETAT CIVIL. — L'ordonnance de Villers-Cotterets, rendue en 1539, sous François Ier, prescrivit dans toutes les paroisses l'établissement de registres pour constater les naissances, les décès et les mariages ; cette prescription fut renouvelée par les Etats Généraux de 1576. Mais, jusqu'à la Révolution, ces registres ne furent tenus que par les prêtres, qui n'inscrivaient que les actes des catholiques baptisés ou enterrés par eux ; les protestants n'avaient pas d'état civil.

A Blaye, le premier registre de ce genre date du 20 septembre 1626 ; voici d'ailleurs le premier acte qui y fut inscrit :

« Blaïe en Albigeois. L'an mil six cent vingt six et le 20e jour de septembre, a été baptizé (1) par moy Pierre Foulquié, vicaire de Blaïe, une fille nay le 17 du mesme

(1) Orthographe de l'époque.

moy du dit Blaïe. Puech François. Magdalène Githe sa femme. A esté nommée Jeanne. Le parrain a esté Ant. Jean Puech du masage de Lafon paroissial de la Bastide; marraine : (pas de nom). En foy de quoy : Louis Foulquié. »

Le second registre de l'état civil porte à la première page l'inscription suivante : « Libre de ceux qui ont esté baptizés en la paroisse de Blaye par moy Louis Rouzière prestre vicaire du dict Blaye, ensemble ceux qui sont morts ai qui se sont mariés en la susdite paroisse de Blaye en l'année mil six cent quarante cinq. Rouzières. »

Le troisième registre est plus officiel que les deux premiers; à la première page on lit : « C'est le registre des baptêmes, mariages et sépultures qui se feront dans l'église et paroisse de Blaye, annexe de la cure de Cramaux, coté par chiffre du premier feuillet jusqu'au dernier par nous Jean Laurents, lieutenant principal au siège royal du Bout du Pont du Tarn d'Albi, dépendant de la judicature d'Albigeois, à la réquisition du sieur Pradal, recteur de la dite cure. En foy de quoi, nous nous sommes soussigné au dit siège le dernier de l'an mil six cent soixante sept. »

Le quatrième registre, ouvert en 1675, est sur papier timbré au chiffre de la sénéchaussée de Toulouse.

Depuis 1636, les registres de l'état civil ont été régulièrement tenus. Pendant la Révolution, à partir du 1er janvier 1793, les divers actes ont été dressés à la mairie et le premier officier public de la commune de Blaye fut Antoine Laporte. La première naissance inscrite fut celle de Baptiste Besses, de l'Endrévié, né le 20 février 1793.

Mouvement de la population. — La population de la commune était peu importante au moyen âge, car aucune industrie n'existait encore à Blaye. Le dénombrement le plus ancien qui soit connu remonte à l'année 1709; en voici les résultats pour le canton de Carmaux:

	HOMMES	FEMMES	ENFANTS	Religieux	Religieuses	PRÊTRES	TOTAL
Blaye.........	75	80	120			1	276
Carmaux......	430	398	520			1	1.349
Saint-Benoît ..	58	35	95			1	189
Lab.-Gabausse et Combefa..	154	130	180			1	465
Taïx	77	80	100			1	258
Rosières	62	70	178			1	311
Diocèse d'Albi.	35.914	38.492	51.295	167	194	»	126.656

Comme on le voit par ce tableau, la population de Blaye n'était que de 276 habitants en 1709, tandis qu'en 1630, d'après les naissances inscrites pour la période quinquennale 1627—1631, la population était de 351 habitants. Les statisticiens admettent 33 naissances par 1,000 habitants (58 naissances pour 5 ans font $\frac{1{,}000 \times 58}{33 \times 5} = 351$ habitants).

Depuis la Révolution, la population a progressivement augmenté, ainsi que le démontre le graphique suivant, qui résume tous les dénombrements connus :

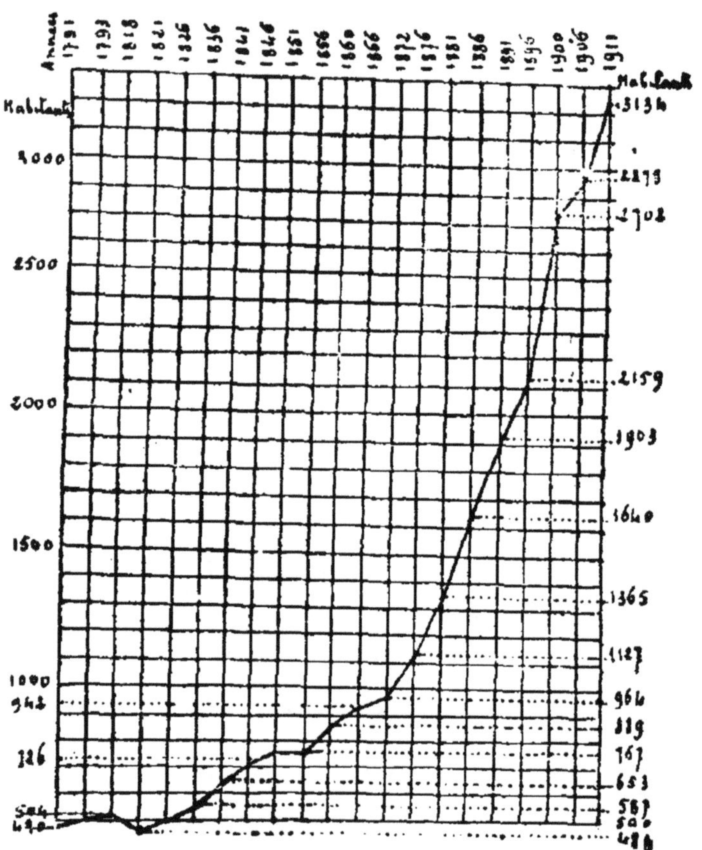

Diverses causes ont favorisé cette régulière et rapide progression. La principale vient du désir des ouvriers mineurs de se rapprocher du chantier. L'industrie de la chaux, quoique bien moins importante que celle de la houille, fait vivre une quinzaine de familles, et celle du verre, une quarantaine, disséminées un peu partout dans l'étendue de la commune. Mais ce qui a surtout contribué à cette augmentation, c'est le nombre des naissances, toujours plus élevé que celui des décès.

Le tableau suivant, dressé par décades pour une durée de 110 ans, fait ressortir un excédent de 1,131 naissances.

ANNÉES	NAISSANCES	DÉCÈS	EXCÉDENT DE	
			NAISSANCES	DÉCÈS
1793—1802	139	103	36	
1803—1812	196	129	67	
1813—1822	181	145	36	
1823—1832	203	122	81	
1833—1842	203	153	50	
1843—1852	226	137	89	
1853—1862	273	251	22	
1863—1872	319	261	58	
1873—1882	399	268	131	
1883—1892	559	563		4
1893—1902	878	523	395	
1903—1913	779	609	170	
			1.135	4
Excédent de naissances............ 1.131				

La progression des naissances est à peu près constante ; cependant, la période 1883-1892 accuse une décroissance sensible. En se basant sur les résultats antérieurs, les naissances auraient dû être de 613 au lieu de 559. Cette différence constitue ainsi un déficit de 54 unités.

Les décès, d'ailleurs, ont augmenté aussi ; ils sont de 563 au lieu de 401, ce qui fait un supplément de 162.

C'est dans la mortalité infantile qu'il faut chercher les causes de ce faiblissement accidentel : 283 enfants du premier âge meurent pendant cette période, alors que la décade précédente n'accuse que 215 décès d'enfants et la suivante 197, pour une même population.

Mortalité. — En comparant les deux tableaux précédents et en effectuant les calculs utiles, on constate que la mortalité à Blaye, pour une période de 110 ans, atteint la proportion de 2,41 pour 100 habitants.

La population dans les principaux centres de la commune. — L'industrie houillère a dépeuplé le quartier des Plaines, où les maisons offraient peu de stabilité par suite des travaux souterrains de la Mine; elle a provoqué l'exode des habitants, qui ont fui vers Bois-Redon, le Ségalar, la Tronquié et Sainte-Marie.

De 1898 à 1914, le territoire communal s'est enrichi de 213 constructions nouvelles; le village en a eu 53 pour sa part, Bois-Redon 93, les Plaines 13 et le Ségalar 45.

Le terrain d'emplacement a vu sa valeur quadrupler en peu de temps; le mètre carré, vendu 0 fr. 50 il y a quinze ans, se paie aujourd'hui 3 et 4 francs par endroits; certains propriétaires fonciers ont acquis l'aisance en vendant des terrains à la Société des Mines ou aux ouvriers désireux de posséder une maison avec jardin.

Voici, pour terminer cette question, le résultat du dénombrement de 1911 :

LIEUX	MAISONS	MÉNAGES	INDIVIDUS
Blaye	165	191	670
Frayssinette	12	16	58
Combecroze	5	6	24
Sainte-Marie	10	15	43
Vertuech	8	12	40
Abeillé	4	4	21
Tronquié	21	34	147
Guignerette	11	18	63
Château Verrerie	2	3	18
Grillatié	34	50	180
Plaines	41	116	432
Endrévié	2	6	15
Barraque	38	100	339
Bois-Redon	81	135	542
Combeguize	10	12	48
Vallon	16	19	62
Peyrade	19	22	87
Ségalar	40	66	237
Cayroux	7	7	28
Cantaures	6	7	26
Maravieille	13	14	54
TOTAUX	535	873	3.134

II. Instruction primaire. — Avant 1789, l'instruction était peu répandue; dans le département du Tarn, un collège existait à Albi, Castres, Gaillac et Lavaur et une école royale militaire à Sorèze.

L'instruction primaire était donnée dans un grand nombre de communes, mais les maîtres, non diplômés pour la plupart, n'offraient pas de sérieuses garanties de savoir et n'enseignaient à leurs élèves, peu nombreux d'ailleurs, que les premiers principes de la lecture, de l'écriture et du calcul. Comme ils étaient peu payés par les élèves et qu'ils ne recevaient qu'une faible rétribution des communes, ils exerçaient d'autres professions pour vivre. Il n'était pas rare de voir le maître d'école occupé au métier de tisserand, cordonnier, sacristain, fossoyeur, chantre, etc. La maison d'école publique n'existait pas non plus et la classe, placée dans un appartement de l'instituteur, était souvent humide, basse, mal aérée et mal éclairée ; elle servait souvent d'atelier au maître d'école, quelquefois infirme ou contrefait.

La Révolution de 1789 devait changer cet état de choses et allumer dans les esprits l'ardent désir de s'instruire.

Le décret du 29 frimaire an II (19 décembre 1793) organisait l'instruction publique en France et celui du 4 ventôse réglait le payement des instituteurs. Le 27 brumaire, sur le rapport de Lakanal, député de l'Ariège, la Convention déterminait que les écoles primaires donneraient aux enfants des deux sexes l'instruction « nécessaire à des hommes libres » et que les instituteurs seraient nommés par le peuple et surveillés par un jury d'instruction. Le 3 brumaire an IV un autre décret décidait l'établissement d'écoles primaires dans chaque canton et une école centrale dans chaque département.

Malgré tous les décrets de la Révolution, Blaye n'eut pas de longtemps encore une école primaire, et les enfants désireux de s'instruire devaient aller à Carmaux, où les ecclésiastiques enseignaient depuis plus de cent ans. Ce ne fut que le 6 novembre 1836 que le premier instituteur public parut à Blaye : c'était le sieur Jean-Pierre Céré, breveté du 10 octobre 1836 et né à Arthez le 30 novembre 1815. Il fut admis par le conseil municipal, mais, pour des raisons inconnues, il ne prit pas possession de son poste, et la première école ne s'ouvrit que l'année suivante.

Ce fut Jean-Baptiste Peyret, de Tulle, breveté du 18 septembre 1836, qui ouvrit la première école. Il fut agréé par le Conseil municipal et par le Conseil supérieur départemental ; son entrée en fonctions fut précédée de la prestation de serment suivante :

« Ce jourd'hui 15 janvier 1837, à deux heures de l'après-midi, dans la maison commune de Blaye, canton de Monestiés (Tarn), d'après la circulaire de M. le Préfet et la communication que nous lui en avons donnée, s'est présenté devant nous, maire de la susdite commune de Blaye, le sieur Peyret Jean-Baptiste, instituteur de la dite commune, lequel a prêté devant nous le serment prescrit par la loi : je jure fidélité au roy des Français, à la charte constitutionnelle et aux lois du royaume... De quoi nous avons dressé le présent acte que nous avons signé avec le dit Peyret. LAPORTE, *maire.* »

La commune de Saint-Benoît avait d'ailleurs demandé que Blaye voulût bien s'entendre avec elle pour avoir une école commune dans le village de Saint-Benoît ;

mais le conseil municipal ne l'entendit point ainsi et voulut un instituteur pour Blaye, « attendu que, depuis quelques années, la commune a voté des fonds qui sont en réserve tant pour le logement du dit instituteur que pour son entretien ; qu'elle compte 600 habitants, ce qui ne peut que fournir une existence honnête et enviée à un homme de cette profession ».

A ce moment, l'instituteur recevait un traitement communal de 200 francs et une indemnité de 30 francs pour le logement.

Malgré l'affirmation du conseil municipal, le sieur Peyret ne devait pas croire mener une existence enviée, car il sollicita une augmentation d'indemnité de logement, qui fut portée à quarante francs le 27 mars 1837. Son traitement d'ailleurs ne tarda pas à recevoir une augmentation sensible, car, le 15 février 1853, il était de 600 francs, plus la rétribution scolaire, payée à raison de 1 franc par mois par chaque élève.

La création à Blaye d'une école de filles fut longtemps retardée et n'eut lieu que le 21 février 1869.

Avant cette époque cependant et dès 1854, des institutrices libres pourvues de lettres d'obédience délivrées par l'archevêque d'Albi ouvrirent une école. Ce fut d'abord la dame Sals, née Soubayrolles, et puis deux demoiselles Galibert, de Carmaux.

Enfin, l'école publique commença le 21 février 1869, avec Mme Savy, remplacée par Mme Loubersannes le 1er octobre 1899.

Liste des instituteurs de Blaye :

Du 15 janvier 1837 à 1845	PEYRET Jean-Baptiste, maison Valière.
	DURAND, dans sa maison.

De 1845 au 1er janvier 1860	Maurel, dans sa maison. Boussac, au presbytère actuel. Perié, maison Laporte. Bru, maison Laporte. Barthe, maison Maurel Joseph. Maynaud, maison Maurel Joseph.
1er janvier 1860..	Gardes François, maison Laporte.
1er octobre 1864...	Laporte Jean, maison Maurel.
22 septemb. 1865.	Savy Victor, maison Maurel.
9 octobre 1874....	Ruffel Paul, maison Maurel.
4 janvier 1878....	Savy Victor, Mairie.
1er février 1900...	Loubersannes Elie, Mairie.

Ecoles de la commune. — Indépendamment des classes du village, deux écoles publiques furent créées aux Plaines en 1882; elles devinrent rapidement importantes et comportèrent bientôt deux maîtres et deux maîtresses.

L'exode des habitants des Plaines vers Bois-Redon motiva le transfèrement de ces écoles en décroissance sensible et un groupe scolaire fut construit en 1903 à Bois-Redon, tandis qu'une autre école à poste double s'ouvrait au Ségalar en 1910.

Actuellement, l'enseignement primaire à Blaye compte trois groupes scolaires :

Blaye : école de filles à 3 classes, dont 1 enfantine ; école de garçons à 3 classes.

Ségalar : école de filles à 1 classe; école de garçons à 1 classe.

Bois-Redon : école de filles à 3 classes, dont 1 enfantine ; école de garçons à 2 classes.

Sociétés scolaires de tir. — Deux Sociétés scolaires de tir ont été créées en 1908 pour la préparation militaire des adultes et des anciens soldats. L'une, *La Blayaise*, a son siège à l'école de Blaye : son président-fondateur est M. Loubersannes Elie; l'autre, *L'Amicale de Bois-Redon*, a son siège à l'école de ce hameau : son président-fondateur est M. Rességuier Elie.

Toutes deux sont agréées par le ministère de la guerre et possèdent un stand pour le tir à 200 mètres.

Des concours annuels sont organisés par les deux Sociétés et des prix importants sont disputés par des concurrents nombreux.

Caisse d'épargne scolaire. — Une Caisse d'épargne scolaire fonctionne à l'école de Blaye depuis 1903; elle a fait délivrer 96 livrets et verser la somme totale de 2,960 fr. 90. Presque tous les élèves possédant un livret quittent l'école avec le goût de l'économie et de l'épargne et continuent les versements après la sortie.

Bibliothèque scolaire. — L'école de Blaye possède une Bibliothèque comprenant 137 volumes. Les prêts consentis aux anciens élèves de l'école sont gratuits.

CHAPITRE XI

Armorial : Armoiries de Blaye, du marquis Pierre de Bernis, de la maison de Rigaud, de la maison de Solages. — Numismatique locale. — Biographies locales. — Environs de Blaye. — Château de Combefa.

Armoiries de Blaye. — D'après l'armorial de France, vol. XIV, page 643, les armoiries de Blaye sont :

D'or embrassé à dextre de sable.

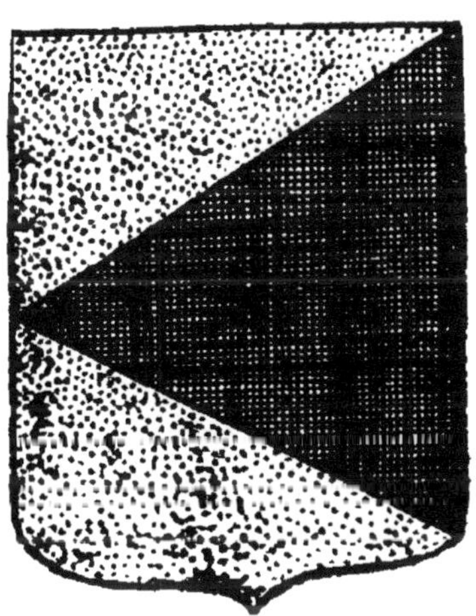

Armoiries du marquis Pierre de Bernis, seigneur de Blaye. — Le marquis Pierre de Bernis, seigneur de Pierrebourg (Cadalen), acquéreur du droit d'entrée aux Etats de la baronie de Castelnau-de-Bonnefons, devint seigneur de Blaye en 1772. Voici quelles étaient les armoiries de cette famille :

Ecartelé au premier d'azur à la bande d'or accompagnée en chef d'un lion de même ; au deuxième parti, de gueules à trois bandes d'or et d'argent, à trois roses de gueules en pal ; au troisième, d'azur à cinq fusées d'argent accolées en face ; au quatrième, d'azur à dextre, une tour d'or à fenêtre, un lion de même.

L'écu sommé d'une couronne de marquis.

Cimier, un lion tenant une épée d'argent.

Devise : un listel où sont ces mots : armé pour le roy.

Supports : deux lions au naturel tenant chacun une épée d'argent, les têtes couronnées.

ARMOIRIES DE LA MAISON RIGAUD. — Philippe Rigaud, damoiseau, baron de Taïx, de Trémolet, seigneur de Blaye en 1465, d'Aguts et de Sainte-Gemme, épousa

Jeanne du Palais le 6 février 1459 (1). Il est issu de la maison de Rigaud de Vaudreuil, connue depuis l'an 1000 (2), mais la filiation certaine ne commence que plus tard avec Pierre de Rigaud, sgr de la Bécède. Un ancien proverbe usité dans la province du Languedoc prouve que le nom de Rigaud y était connu de temps immémorial ; en voici les termes :

Les Hunauds, les Lévis et les Rigauds
Ont chassé les Wisigoths ;
Les Lévis, les Rigauds et les Voisins
Ont chassé les Sarrazins.

Ce proverbe établit simplement l'ancienneté des familles Hunaud, Rigaud, Lévis et Voisins, originaires de l'Isle-de-France et venues dans le Midi à la suite de Simon de Montfort vers 1210. On sait qu'à cette époque les Wisigoths et les Sarrazins n'exerçaient aucune domination dans le midi de la France, et les Rigauds, seigneurs de Blaye, n'ont eu aucun rapport avec ces peuplades barbares.

La maison de Rigaud de Vaudreuil a brillé avec éclat dans nos fastes maritimes sous Louis XIV, Louis XV et Louis XVI. C'est une des plus anciennes familles du Languedoc, qui possédait depuis plus de 600 ans la terre et la baronie de Vaudreuil dans le diocèse de Lavaur.

Cette famille, qui a contracté des alliances avec les plus anciennes maisons du royaume, a donné à l'Etat des officiers de la plus haute distinction, plus sept lieutenants-généraux ou chefs d'escadre dans la marine.

(1) *Dictionnaire de la noblesse.*
(2) *Armorial du Languedoc.*

Un des comtes de Vaudreuil était pair de France et gouverneur du Louvre sous la Restauration (1).

Les armes :

D'argent au lion de gueules armé, lampassé et couronné de même, à l'orle de 8 écussons de gueules chargés chacun d'une face d'argent (2).

MAISON DE SOLAGES, MARQUIS DE CARMAUX, SEIGNEURS DE BLAYE, SAINT-BENOIT, etc. — La maison de Solages (3), dont les descendants habitent le château de la Verrerie à Blaye, est fort ancienne.

Par les ravages des guerres et par les incendies, elle a perdu un grand nombre de titres essentiels pour la suite et la clarté des degrés des premières filiations.

D'après un procès-verbal du sénéchal de Villefranche-de-Rouergue, en 1656, la branche de Solages dite de Saint-Jean a été la plus éprouvée à cause de l'incen-

(1) *Documents historiques et généalogiques du Rouergue*, tome II (DE BARRAU).

(2) Selon Dubuisson, *Armorial général de France*.

(3) Renseignements fournis par M. le marquis Ludovic de Solages.

die du château de Saint-Jean, dont on ne put sauver ni titres, ni meubles.

Le château de la Verrerie à Blaye eut le même sort. Le 1er avril 1895 un incendie le consuma entièrement et ne permit de rien sauver.

Toutes les branches de la maison de Solages se sont vouées à la profession des armes, où un grand nombre de membres se distinguèrent dès le XIIIe siècle.

Les armoiries de cette maison sont représentées par :

Un écu d'azur à un soleil d'or, écartelé d'azur à trois rocs d'échiquier d'argent posés deux et un.

Devise : *Sol agens.*

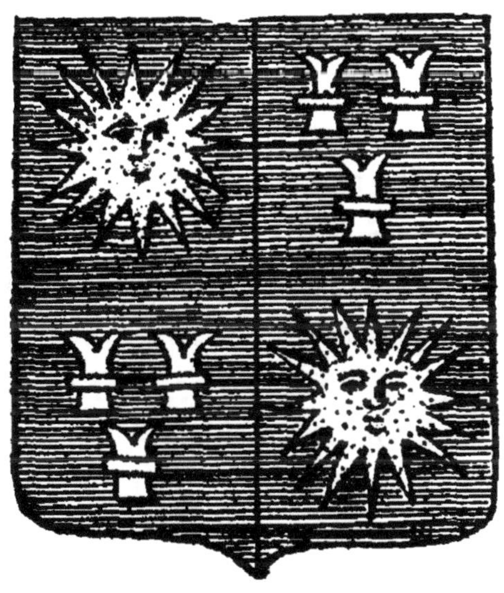

Cette maison est originaire du Rouergue, du lieu de Solages, faisant partie de la mense abbatiale de Bonneval, dont les seigneurs de Solages furent les bienfaiteurs. Un acte de 1028 fait mention de :

Raymond de Solages, qui abandonna sa femme et ses enfants pour entrer au monastère de Saint-Guilhem-du-Désert (diocèse de Lodève).

Plus tard, le 2 juin 1217, Bernard de Solages, seigneur du Rouergue, rendit hommage à Simon de Montfort.

Cette maison s'est éteinte en 1382 dans la maison d'Arjac par mariage de Indie ou Judith de Solages avec Berger d'Arjac. Un fils, né de cette union, fit souche de deux branches : l'une conserva le nom d'Arjac ; l'autre donna naissance à la branche de Solages représentée de nos jours.

FRANÇOIS DE SOLAGES, reçu chevalier de Saint-Jean de Jérusalem en 1603. Il eut la main droite emportée par un boulet de canon dans un combat sur mer contre les infidèles.

GUILLAUME DE SOLAGES, chevalier, baron de Tholet, de Miremont et autres lieux, fut sénéchal de Rouergue et maréchal du comte d'Armagnac. Il joua un rôle important sous Charles VI en 1387.

FRANÇOIS II DE SOLAGES, chevalier, gentilhomme de Henri, roi de Navarre ; fut chargé de missions importantes par Henri III et Henri IV.

FRANÇOIS-PAUL DE SOLAGES, marquis de Carmaux, épousa en troisième noce, le 29 septembre 1724, Marie de Ciron, dame de Carmaux. Par ce mariage, la terre de Carmaux, estimée à cette époque 250,000 livres, entra dans la maison de Solages.

GABRIEL DE SOLAGES, chevalier, seigneur de Blaye et de Saint-Benoît, troisième fils du précédent, épousa, le 13 octobre 1749, Marie de Julliot de Longchamps.

FRANÇOIS-GABRIEL, VICOMTE DE SOLAGES, seigneur baron de Blaye, Labastide-Gabausse et Saint-Benoît, épousa :

a) En première noce, le 9 février 1772, Jeanne-Elisabeth-Gabrielle de Clary, † le 18 juin 1807 ;

b) En seconde noce, vers 1818, Françoise-Joséphine Corrigée du Tertre, née à la Martinique.

Il eut du premier mariage : 1. Gabriel-Hippolyte, qui suit; 2. Paulin-Guillaume-Auguste; 3. Paulin-Auguste; 4. Marie-Gabrielle-Rose, mariée à Blaye, le 2 mars 1797, à Gérard-Jacobé de Naurois; 5. Jeanne-Charlotte-Zoé, mariée le 2 mars à Amédée, comte d'Imbert du Bosc; 6. Jeanne-Elisabeth-Françoise, mariée le 30 juin 1812 à Marie-Philippe Robert, marquis de Cugnac.

Second mariage : Marie-Gabrielle, mariée à Auguste de Jacobé de Naurois.

GABRIEL-HIPPOLYTE, COMTE DE SOLAGES, fils aîné du précédent, officier au régiment des gardes françaises. Il épousa, le 3 mai 1802, Blanche-Louise-Antoinette de Bertier de Sauvigny, † à Toulouse le 21 février 1843.

Il eut : 1. Achille-Ferdinand-Gabriel, qui suit.
2. Gabriel-Hippolyte-Louis, marié à Adrienne de Rivière.
3. Amalric-Charles-Gérard.
4. Elisabeth-Gabrielle, mariée à Joseph d'Izarn, comte de Frayssines.
5. Anne-Ide-Marie, du couvent de Notre-Dame d'Albi.
6. Blanche-Pauline, mariée à d'Yversenc de Gaillac.

ACHILLE-FERDINAND-GABRIEL DE SOLAGES, marquis, épousa Alix de Bertier.

Il eut : 1. Gabriel, qui suit.
2. Amalric.
3. Albertine, mariée au marquis de Beaumont de Repaire.
4. Henriette, mariée au comte de Gourgues.

5. Paul (auteur de la branche cadette qui suit).
6. Henri.

Gabriel, comte de Solages, marié à Alix de Courtarvel.

Il eut : 1. Ludovic, qui suit.
2. Marie, mariée au baron André de Kainlis.
3. Marie, mariée au baron Guillame de Pierre de Bernis.
4. Joseph †.
5. Aliénor †.
6. Xavier †.

Jérôme-Ludovic-Marie, marquis de Solages, né le 21 juillet 1862, à Blaye; marié en première noce à Marie Reille, fille du baron Reille et de Mme Soult de Dalmatie; en seconde noce, à Mlle Marguerite de Guitaut. Il a :

Premier mariage : 1. Thibaut; 2. Raymond; 3. Geneviève.

Second mariage : 4. Alix; 5. Jeanne; 6. Armand; 7. Alain; 8. Béatrix.

Branche cadette :

Paul, comte de Solages, marié le 25 juin 1869 à Marie-Clémentine de Monteynard, dont : 1. Henri, qui suit; 2. Amalric; 3. Hugues; 4. Geneviève.

Henri, comte de Solages, marié à Mlle du Parc, dont : 1. Bruno; 2. Maurice; 3. François; 4. Bernard.

Numismatique locale. — Les monnaies anciennes n'abondent pas sur le territoire de la commune. Une pièce romaine en cuivre trouvée dans les environs de Blaye indiquerait la venue des Romains. Sur l'avers, on voit la tête laurée d'un empereur avec cette mention : AVG GERM COS XVII CE.

Sur le revers, on voit l'Equité debout tenant à gauche

une corne d'abondance et à droite une balance; au milieu, les lettres S. C.

Une monnaie d'argent de Charles IX a 29 millimètres de diamètre. Elle porte la date 1562.

Un sol de 1635 porte l'inscription : R. DANVS VIII.

Une monnaie d'argent de 19 millimètres de diamètre date de 1675; l'avers porte le buste de Louis XIV.

LVDOVICVS XIIII. D. GRA.

Sur le revers on voit quatre fleurs de lis surmontées de la couronne royale avec l'inscription :

REX FRAN. ET NAVARRÆ. 1675.

Trois monnaies assez rares trouvées en novembre 1904 par un ouvrier des champs ont été décrites par M. Bécus dans la *Revue du Tarn* (1) :

« Ces pièces ont été frappées à Arches, fief du comte de Rethel, où la famille de Gonzague avait établi un atelier. Voici la description :

« I. Avers : CAR. GONZ. D. NIV. ET. RETH. Buste du prince à droite; à l'exergue, 1608.

« Revers : SVP. PRINCEPS. ARCHENSIS. Ecusson couronné, double liard de cuivre; poids, 3g 8.

« II. Avers : CAR. DVX. NIVERNENS. ET. RET. Buste du prince à droite; à l'exergue, 1613.

« Revers : DEL. GR. PRINCEPS. ARCHENSIS. Ecusson couronné, double liard de cuivre ; poids, 3g 8.

« III. Avers : CHARLES. I. DVC. DE. MANT. S. DAR. Buste du prince à droite; à l'exergue, 1635.

« Revers : DOVBLE. DE. LA. S. DAR. Trois fleurs de lis ayant au milieu une étoile, le tout dans un triple cercle divisé par huit besants; denier de cuivre; poids, 2 grammes.

(1) T. XXII, p. 170.

« Ce fut Louis Ier, fils de Robert III, comte de Flandre, qui établit un atelier monétaire à Réthel. Au commencement du XVIIe siècle, Charles II de Gonzague et son fils, qui portait le même nom, frappèrent monnaie à Arches.

« Les espèces émises par les seigneurs de la maison de Gonzague sont en partie copiées sur les monnaies du roi de France. »

BIOGRAPHIES LOCALES. — I. FRANÇOIS-PAUL DE SOLAGES, marquis de Carmaux, né en Rouergue en 1674, domicilié à Blaye et à Carmaux à l'occasion de son mariage avec Marie de Ciron. Il se distingua en 1690, à la bataille de Fleurus, où il prit un étendard aux ennemis ; il fut blessé et eut un cheval tué sous lui. Il se distingua aussi au siège de Barcelone comme lieutenant de cavalerie.

II. GABRIEL DE SOLAGES, né le 19 août 1711, fit campagne en Italie, en Allemagne, en Bohême et fut nommé maréchal de camp le 1er mars 1780 et commandant de l'Albigeois le 15 novembre 1770. Il obtint du roi la concession des mines de Carmaux et fonda la verrerie le 2 mai 1751.

III. FRANÇOIS-GABRIEL, VICOMTE DE SOLAGES, né à Neuffour, près Clermont en Argonne, le 27 septembre 1752. Domicilié au château de la Verrerie, il s'occupa de l'exploitation houillère et obtint les médailles d'or en l'an IX et en l'an X pour plusieurs inventions ingénieuses dans le système de la canalisation. Fut l'architecte des plans du canal de jonction de la Sambre à la Meuse ; président du Conseil général du Tarn et maire de Blaye de janvier 1813 au 23 septembre 1836 ; nommé chevalier de la Légion d'honneur le 1er mai 1821 ; † le 31 mai 1834.

IV. Héral Jean-Baptiste, né à Blaye le 28 novembre 1822, † le 20 mai 1911. Géomètre ; maire de Blaye du 7 mai 1871 au 17 mai 1908 ; conseiller d'arrondissement de Monestiés de 1865 à 1871 ; conseiller général du même canton de 1871 à 1889 ; élu député du Tarn au scrutin de liste pour la période 1885-1889.

V. Boisse François-Jules-Justin-Joseph-Marie, né à Blaye le 14 janvier 1848.

Entré à l'école navale le 1er octobre 1865.

Aspirant le 1er octobre 1867.

Enseigne de vaisseau le 15 août 1873.

Chevalier de la Légion d'honneur en février 1875.

Lieutenant de vaisseau le 11 juillet 1877.

Capitaine de frégate le 1er février 1890.

Officier de la Légion d'honneur le 29 novembre 1893.

Capitaine de vaisseau le 10 juin 1896.

Contre-amiral le 29 août 1904.

Commandeur de la Légion d'honneur le 10 juillet 1908.

Années de service : 44 ans 4 mois. Aujourd'hui, retraité à Bozouls (Aveyron).

VI. Jérôme-Ludovic-Marie de Solages, marquis de Carmaux, né à Blaye le 21 juillet 1862.

Conseiller municipal de Blaye de 1888 à 1892 ; conseiller général de Monestiés de 1889 à 1896 ; député du Tarn en 1889 ; démissionnaire le 18 octobre 1892 et réélu en 1893. Occupa ces fonctions jusqu'en 1898.

Président du Conseil d'administration des Mines de Carmaux.

Environs de Blaye : *Château de Combefa.* — Le château de Combefa, dont les ruines subsistent encore sur les pentes d'un long plateau dominant la Zère, a bien perdu de son prestige.

Construit vers 1254-1271 par l'évêque Bernard de Combret en guerre avec les seigneurs de la contrée, il a joué un rôle important dans l'histoire régionale. Bien protégé par des pentes abruptes et par des murs d'une redoutable épaisseur, ce château brava longtemps les coups des bandes armées du Moyen-Age. Son emplacement bien choisi permettait de surveiller au loin la campagne et de dominer les environs. C'était une dépendance des archevêques d'Albi et l'un d'eux, Hugues d'Albert, y habita presque d'une façon continue de 1355 à 1379. Ce prélat y reçut de grands personnages.

Jour et nuit, le guet était fait par les habitants des environs, qui redoutaient la venue des bandes de routiers alors nombreuses. Hugues fut assiégé dans son château par Sicard de Lescure, allié de Gibert de Cadoule, seigneur de Curvalle, des frères Salomon et de Guillaume de Monestiés. Pour mener rudement l'attaque, le vicomte Bertrand de Montclard et plusieurs autres gentilshommes prêtèrent leur concours aux assiégeants.

L'évêque lança l'excommunication contre ses nombreux ennemis et, le 6 mai 1363, la paix fut signée entre les belligérants, qui eurent recours à l'arbitrage du sénéchal de Toulouse et de Raymond de Sainte-Gemme, docteur en droit et notaire apostolique.

Par cette paix, les prisonniers furent rendus de part et d'autre, l'excommunication levée et les dommages estimés. Mais le roi ordonna des poursuites contre

Sicard de Lescure, qui fut condamné à payer 1,500 livres de dommages-intérêts pour avoir pris les armes.

Le château de Combefa eut d'autres assauts à soutenir et, au commencement du XVe siècle, il fut pris d'abord par les Anglais ou les routiers et puis par André de Ribes, dit le Bâtard, qui le garda deux ans.

On lit à cette date au livre des consuls d'Albi (1) : « Et en lo dig an fo prés lo castel de Combeffa per los englézés capitaine Andruet de Ribas et hacabero la for de Roanel (2)... Et morit à malamort l'an MCCCCXXVIII et totas sas gens foro destronas per M. de Pardiac e qui aytar fara aytar périra épretz. »

Dix ans plus tard, il fut pris une troisième fois en juillet 1436, par le seigneur de Lacoste en Quercy, qui entra à Albi.

Vers 1490, ce château devint la propriété de Louis d'Amboise, frère du cardinal de ce nom. C'est lui qui le dota du « Christ au tombeau » entouré de dix statues en pierre de grandeur naturelle représentant les saintes femmes et les disciples ensevelissant le Sauveur, de la « Descente de la Croix », célèbre groupe en pierre, composé de huit personnages adorant le Christ, et d'un reliquaire fort ancien (3).

Louis d'Amboise se plaisait beaucoup dans son château, où il entretenait une nombreuse compagnie vers 1499. Le vendredi 10 juillet 1535, le roi et la reine de

(1) *Revue du Tarn*, tome II, page 29.

(2) Il mourut de malemort l'an 1428 et tous ses gens furent détroussés par le seigneur de Pardiac, « et qui ainsi fera sera traité et plus mal encore ».

(3) Toutes ces œuvres sont à Monestiés dans la chapelle de l'Hospice.

Navarre venant d'Albi daignèrent y séjourner trois jours et se rendirent ensuite à Rodez.

Pendant les guerres de religion, les évêques d'Albi étaient plus souvent à Combefa qu'au chef-lieu. En 1629, le cardinal de Richelieu, venu à Albi, y coucha le 9 août. Vers 1650, le nouveau propriétaire Gaspard Daillon du Lude y séjourna longtemps et y reçut de nombreuses visites, attirées à Combefa pour le plaisir de la chasse. Ce furent les derniers moments de splendeur de ce château fort, car de Lude, s'intéressant beaucoup à la construction du Bon-Sauveur d'Albi, qui porte son nom *(Le Lude)*, délaissa Combefa, complètement abandonné depuis.

En 1761, l'archevêque Léopold-Charles de Choiseul demanda au roi Louis XIV la permission de démolir cette forteresse. Cette démolition fut autorisée par le Conseil d'Etat, et ainsi disparut ce fameux château fort qui, pendant 500 ans, avait été le témoin de bien des luttes et de bien des misères.

- Plan du Rez-de-Chaussée -

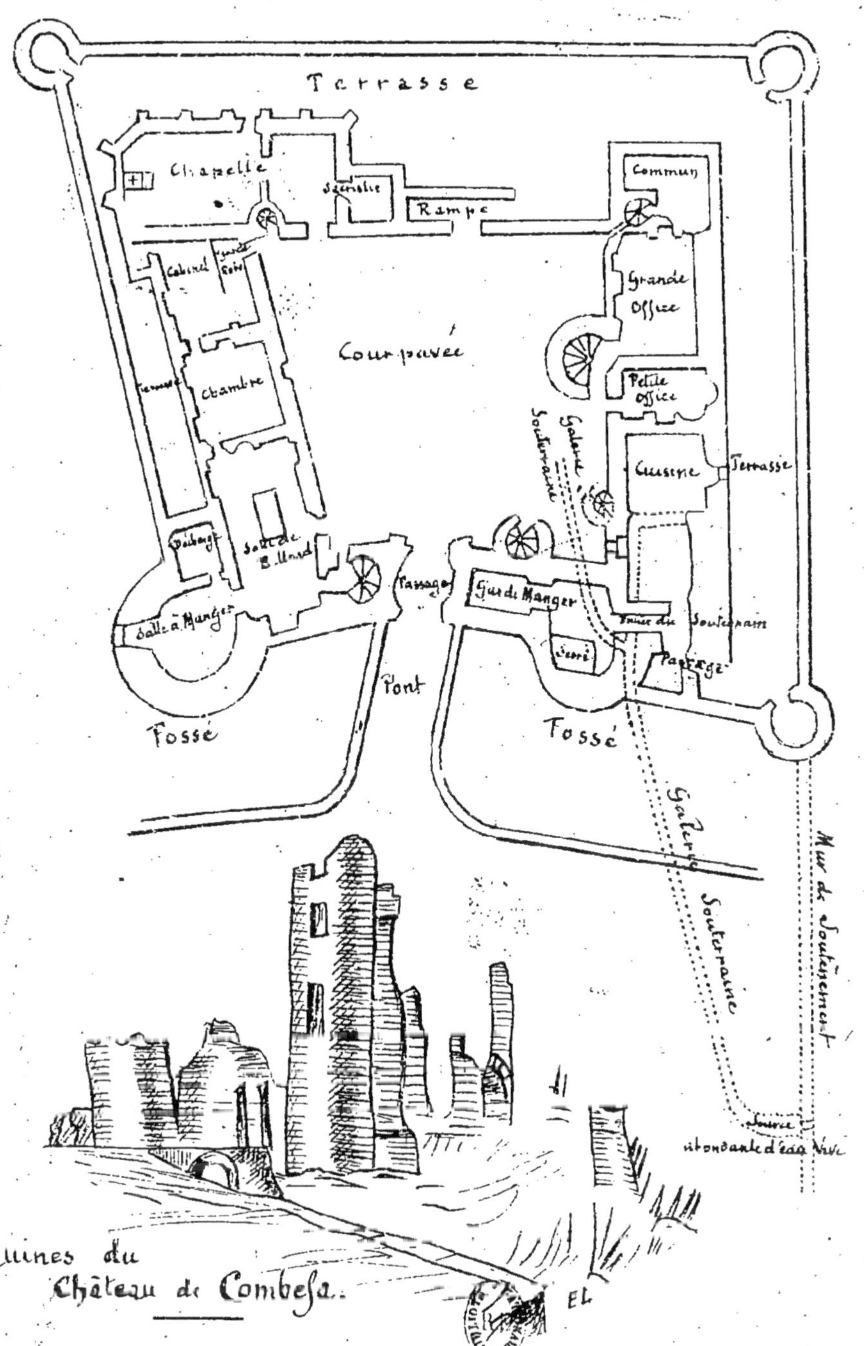

Ruines du Château de Combefa.

TABLE DES MATIÈRES

CHAPITRE PREMIER

CHAPITRE II

CHAPITRE III

CHAPITRE IV

CHAPITRE V

CHAPITRE VI

CHAPITRE VII

CHAPITRE VIII

CHAPITRE IX

CHAPITRE X

CHAPITRE XI

Albi, Imprimerie Coopérative du Sud-Ouest. — 1915-935

www.ingramcontent.com/pod-product-compliance
Ingram Content Group UK Ltd.
Pitfield, Milton Keynes, MK11 3LW, UK
UKHW022031170726
13837UKWH00002B/526

9 782019 937034